„Die Wüste ist eine Welt der Maßlosigkeit, ein Universum, das die Menschen und ihre Gefühle nach seiner Grenzenlosigkeit formt. Ihre Bewohner haben einen offenen Geist, weit wie der Horizont, eine Geduld, endlos wie eine Straße, und die klare Würde eines Volkes, fest wie ein Berg.“ Mohamed Aoutchiki, Tuareg

Helfried Weyer

SAHARA

Porträt einer großen Wüste

Tecklenborg Verlag

IMPRESSUM

Umwelthinweis:
Das Buch wurde auf Papier mit chlorfrei gebleichtem Zellstoff gedruckt. Das Einbandmaterial ist recyclebar.

Die Deutsche Bibliothek – CIP Einheitsaufnhme

Sahara
Portät einer großen Wüste
Helfried Weyer. Steinfurt: Tecklenborg Verlag, 2000
ISBN 3-924044-55-4
NE: Weyer, Helfried

2. Auflage 2003

Siemensstrasse 4
D-48565 Steinfurt

Layout: Norbert Wessels
Lektorat: Karsten Mosebach
Kartografie: Stefan Engelen
Lithoherstellung: Druckhaus Tecklenborg

Die Zeichnung und der Text auf Seite 9 stammen aus dem Buch „Der Kleine Prinz“ von Antoine de Saint Exupéry aus dem Karl Rauch Verlag.
Der Text aus dem Kapitel „Wind Sand und Sterne“ stammt aus dem gleichnamigen Buch von Antoine de Saint Exupéry aus dem Karl Rauch Verlag

Printed in Germany by
Druckhaus Tecklenborg, Steinfurt

Verlag und Autor garantieren, dass es sich bei den Fotografien in diesem Werk um Originalaufnahmen handelt, die nicht digital verändert wurden.

ISBN 3-924044-55-4

„Im Namen Allahs, des Allbarmherzigen! Lob und Preis sei Allah, dem Herrn aller Weltenbewohner, dem gnädigen Allerbarmer, der am Tage des Gerichtes herrscht. Dir allein wollen wir dienen, und zu Dir allein flehen wir um Beistand. Führe uns den rechten Weg, den Weg derer, welche sich Deiner Gnade erfreuen - und nicht den Pfad jener, über die Du zürnst oder die in die Irre gehen!"
Diese den Koran eröffnende Sure ist das Kurzgebet des Moslems.

INHALT

9 Der Kleine Prinz

10 Porträt einer großen Wüste

18 Wind, Sand und Sterne

22 Das Tor zur Sahara im Maghreb

30 Ordnung im Chaos

36 Oasen am Großen Erg

42 Erforschung und Eroberung

50 Louvre im Tassili

66 Air – Heimat der Tuareg

76 Karawanenhandel – Die Tarhalamt

96 Römer – Herrschaft zwischen Meer und Wüste

102 Mandaraseen – Wunder unter Palmen

112 Akakus – Bilder einer Ausstellung

118 Wau En Namus – Der große Krater

122 Tuareg – Eine Tragödie unserer Zeit

130 El Alamein – Schlachtfeld unter brennender Sonne

134 Siwa – Die schönste Oase Ägyptens

140 Die Weiße Wüste – Pilze aus Stein

144 Nil – Weltkulturen am Fluss

150 Saharakarte

151 Danksagung/Literatur

DER KLEINE PRINZ

Der Kleine Prinz war müde. Er setzte sich.
Ich setzte mich neben ihn. Und, nach einem Schweigen
sagte er noch:
„Die Sterne sind schön, weil sie an eine Blume erinnern,
die man nicht sieht...“
Ich antwortete: „Gewiß“, und betrachtete schweigend
die Falten des Sandes unter dem Mond.
„Die Wüste ist schön“, fügte er hinzu...
Und das war wahr. Ich habe die Wüste immer geliebt.
Man setzt sich auf eine Sanddüne. Man sieht nichts. Man
hört nichts. Und währenddessen strahlt etwas in der Stille.
„Es macht die Wüste schön“, sagte der Kleine Prinz,
„daß sie irgendwo einen Brunnen birgt.“
Ich war überrascht, dieses geheimnisvolle Leuchten
des Sandes plötzlich zu verstehen.

Die Koranschule Médersa Attarine in Fès ist ein besonders schönes Beispiel maurischer Baukunst am nordwestlichen Rand der Sahara.

Mandarasee, Libyen

Gegenüberliegende Seite:
Sternenhimmel über der Sahara, das Himmelsgewölbe „dreht sich" um den Nordstern. In Wahrheit dreht sich die Erde. „Was kann sich ein Mensch noch mehr wünschen, wenn es ihm vergönnt ist, Abend für Abend unter einem schützenden Himmelszelt einzuschlafen, unter einem Himmel, der von Millionen Sternen übersät ist, deren unermüdliches Funkeln seine Träume erhellt." Mano Dayak, Tuareg

SAHARA

PORTRÄT einer großen Wüste

Straßencafe irgendwo in der Sahara, Algerien.
Heißer, stark gesüßter Tee und kühles Mineralwasser gehören hier zu den wahren Köstlichkeiten.

Salzernte in der Saline von Bilma, Niger.
Die Arbeit ist hier so brutal, dass ein Mann sie nur ein bis zwei Stunden ohne Pause durchhält.

Lastenesel in der roten
Lehmstadt Timimoun, Algerien.

Die blau verschleierten Tuareg, einst die „Ritter der Sahara", leben heute als unterdrückte Minderheiten in Algerien, Libyen, Niger und Mali. Das Bild zeigt einen Tuareg aus dem libyschen Ghat.

Die großen Sandmeere werden in der Sahara Erg genannt.
Ihre einzigartigen Formen und Strukturen bedecken rund zehn Prozent der Wüste. Die höchsten Dünen erreichen Höhen bis über 500 Meter.

SAHARA

WIND Sand und Sterne

Die ersten und letzten Stunden des Tages gehören zu den schönsten in der Wüste. Die gegenüberliegende Seite zeigt einen nur selten zu beobachtenden Regenbogen bei Ghat, Libyen.

Der Westwind weht, der den Menschen in neunzehn Stunden ausdörrt. Noch ist mein Schlund offen, aber schon hart und schmerzhaft. Ein leises Rasseln kann ich auch schon vernehmen. Bald kommt der Husten, den man mir beschrieben hat und auf den ich schon lange warte. Meine Zunge ist mir im Wege. Das Schlimmste aber ist, daß ich leuchtende Flecken sehe. Wenn diese zu Flammen werden, stürze ich zusammen.

Wir gehen schnell, um die Kühle des jungen Tages auszunützen. Wir wissen wohl, daß wir in der hellen Sonne nachher nicht mehr weiterkönnen. In der hellen Sonne...

Wir dürfen nicht mehr schwitzen, wir dürfen keine Zeit verlieren. Denn selbst diese Kühle hat nur achtzehn Prozent Luftfeuchtigkeit; der Wind mit seiner verlogenen Liebkosung kommt aus der Wüste. Unser Blut verdunstet!

Ich fühle keinen Hunger, nur Durst. Dabei hatte ich so gut wie nichts zu essen gehabt, am ersten Tage einige Trauben, seitdem eine halbe Apfelsine und etwas Kuchen. Für mehr Nahrung hatten wir keinen Speichel gehabt. Der Durst aber ist allmächtig, eher noch die Folgen des Durstes: die harte Kehle, die Zunge aus Gips, das Rasseln im Schlund und ein ekliger Geschmack im Mund. Das sind mir neue Empfindungen, und zunächst bringe ich sie in keine Verbindung mit dem Wasser, das sie heilen könnte. Der Durst wird immer mehr zur Krankheit, und immer weniger ist er ein natürliches Verlangen.

Einen Augenblick haben wir gerastet, nun geht es weiter. Wir verzichten auf große Marschabschnitte und sinken alle halben Kilometer erschöpft nieder. Ich genieße es jedesmal, mich auszustrecken. Aber wir müssen weiter. Die Landschaft verändert sich, die Steine werden seltener, und wir gehen auf Sand. Zwei Kilometer vor uns beginnen die Dünen mit einigen Anzeichen kleinen Pflanzenwuchses. Der Sand ist doch besser als dieser stählerne Panzer. Er ist die blonde Wüste, meine Sahara, die ich kenne und liebe.

Diese Palmen finden mit ihren Wurzeln Grundwasser und wachsen - bis sie eines Tages vom Sand erstickt werden.

Jetzt müssen wir schon alle zweihundert Meter rasten. Aber wir wollen weiter, zumindest bis zu den Büschen.

Gestern träumte ich von paradiesischen Apfelsinenwäldern, heute kenne ich kein Paradies mehr. Ich glaube nicht mehr an Apfelsinen.

Nichts mehr fühle ich in mir als Dürre des Herzens. Ich werde fallen und keine Verzweiflung spüren, nicht einmal Kummer. Das kränkt mich, denn die Fähigkeit, Kummer zu fühlen, wäre mir eine Wohltat wie Wasser. Ich bemitleide mich und bedaure mich wie ein Freund. Aber ich habe keinen Freund mehr auf der Welt.

Wenn mich die Leute mit meinen entzündeten Augen finden, dann werden sie sich einbilden, daß ich laut gerufen und viel gelitten habe. Aber jeder Aufschwung, jeder Schmerz, alles bewußte Leiden wären Reichtümer für meine vertrocknete Seele. Ich habe ja gar nichts mehr. Wenn einem Mädchen seine erste Liebe stirbt, dann hat es doch noch seinen Schmerz und seine Tränen, einen zuckenden Ausdruck von Leben. Ich, ich habe keinen Schmerz mehr.

Ich bin schon eins mit der Wüste. Ich bringe keinen Speichel mehr hervor und auch keine Bilder, nach denen ich mich sehnen könnte. Die Sonne hat den Quell der Tränen ausgetrocknet.

Doch was sehe ich? Ein Hoffnungshauch geht über mich wie ein Windstoß über das Meer. Etwas hat mein triebhaftes Erkennen getroffen, noch ehe es mir bewußt geworden ist. Nichts hat sich verändert, und doch ist alles anders. Das Bahrtuch des Sandes, diese flachen Hügel mit Ahnungen von Pflanzenwuchs sind nicht mehr eine tote Landschaft. Sie sind eine Bühne, zwar noch leer, aber für das Schauspiel bereit. Ich sehe Prévot an; auch er hat staunend den gleichen Schlag erhalten, ohne ihn deutlich zu verstehen.

Gleich muß etwas geschehen, sage ich euch. Die Wüste lebt, sage ich euch. Diese Leere, dies Schweigen sind bewegter als ein Volksgedränge auf offenem Markt.

Rettung - Spuren im Sand!

Eben noch waren wir abgeschnitten vom Menschengeschlecht, mit unserer Art zerfallen, allein auf der Welt, vergessen bei einer allgemeinen Abwanderung. Und da finden wir im Sand abgedrückt die wunderbaren Füße von Menschen.

„Prévot, hier haben zwei sich verabschiedet."

„Hier hat ein Kamel gekniet." „Hier..."

Wir sind noch gar nicht gerettet. Wir können ja nicht einfach warten, denn schon in wenigen Stunden kommt jede Hilfe zu spät. Der Durst wirkt zu verheerend, sobald der Husten beginnt. Und unsere Kehlen...

Nein, ich glaube an diese Karawane, die irgendwo durch die Wüste schwankt.

Aber nun strecken wir beide die Arme dem Beduinen entgegen, beide holen wir den letzten Atem aus unserer Brust und beide lachen wir vor Glück. Aber unsere Stimmen tragen keine dreißig Meter mehr. Die Stimmbänder sind vertrocknet. Wir hatten miteinander nur noch geflüstert, und das nicht einmal bemerkt.

Der Beduine und sein Kamel, die hinter dem Hügel hervorgekommen sind, wollen sich entfernen. Langsam, langsam ziehen sie weiter. Vielleicht ist er allein! Vielleicht hat ein grausamer Teufel uns diesen Menschen gezeigt, um ihn uns wieder zu nehmen.

Und wir können nicht mehr rennen!

Da erscheint ein anderer Araber auf der Düne, mit der linken Seite uns zugewandt. Wir schreien - aber ganz leise. Wir schwenken die Arme und füllen nach unserer Meinung den Himmel mit riesigen Signalen. Aber der Beduine sieht immer nach rechts.

Jetzt aber, ganz langsam, macht er eine Viertelwendung nach links. Sobald er das Gesicht uns zugewendet hat, ist es auch schon geschehen: Durst, Tod und Luftspiegelungen sind verwischt in dem Augenblick, in dem er uns erblickt. Eine kleine Viertelwendung verwandelt unsere Welt. Eine Bewegung des Körpers, ein rascher Blick schaffen Leben, und er scheint mir nicht von dieser Welt.

Ein Wunder! Ein Wunder! Er kommt auf uns zu wie ein Gott über das Meer!

Er hat uns ins Gesicht gesehen, hat uns die Hände auf die Schultern gelegt, und wir haben ihm gehorcht und uns hingelegt. Hier gibt es keine Rasse, keine Sprache, keine Partei. Ein armer Wanderhirte hat Engelshände auf unsere Schultern gelegt.

Wir haben auf seine Rückkehr gewartet, die Stirn in den Sand gepreßt. Und nun trinken wir, auf dem Bauche liegend, den Kopf im Becken wie die Kälber. Der Beduine erschrickt und zwingt uns alle Augenblicke einzuhalten. Aber kaum läßt er uns frei, so tauchen wir auch schon das ganze Gesicht ins Wasser.

Wasser!

Wasser, du hast weder Geschmack noch Farbe, noch Aroma. Man kann dich nicht beschreiben. Man schmeckt dich, ohne dich zu kennen. Es ist nicht so, daß man dich zum Leben braucht: du selber bist das Leben! Du durchdringst uns als Labsal, dessen Köstlichkeit keiner unserer Sinne auszudrücken fähig ist. Durch dich kehren uns alle Kräfte zurück, die wir schon verloren gaben. Dank deiner Segnung fließen in uns wieder alle bereits versiegten Quellen der Seele. Du bist der köstlichste Besitz dieser Erde. Du bist auch der empfindsamste, der rein dem Leib der Erde entquillt. Vor einer Quelle magnesiumhaltigen Wassers kann man verdursten. An einem Salzsee kann man verschmachten. Und trotz zwei Liter Tauwasser kann man zugrunde gehen, wenn sie betimmte Salze enthalten.

Du nimmst nicht jede Mischung an, duldest nicht jede Veränderung. Du bist eine leicht gekränkte Gottheit! Aber du schenkst uns ein unbeschreiblich einfaches und großes Glück.

Du aber, unser Retter, Beduine aus Libyen, du wirst mir aus dem Gedächtnis schwinden! An dein Gesicht kann ich mich nicht mehr erinnern. Du bist der Mensch und erschienst mir mit dem Antlitz aller Menschen! Du hattest uns nie zuvor gesehen und hast uns doch erkannt!

Du bist mein geliebter Bruder, und ich werde dich in allen Menschen wiedererkennen! Du erscheinst mir voll Adel und Leutseligkeit, ein großmächtiger Herr, in dessen Macht es stand, Wasser zu reichen. Alle meine Freunde, alle meine Feinde kommen mir in deiner Person entgegen, und ich habe keinen einzigen Feind mehr auf der Welt.

Auszug aus „Wind, Sand und Sterne“ von Antoine de Saint-Exupéry. Karl Rauch Verlag, Düsseldorf

Der fast permament wehende Wind sorgt in den Dünen für eindrucksvolle Formen mit Graten und Gipfeln, Wellen und Tälern.

Die eindrucksvolle Fassade des Königspalastes Dar el Makhzen in Fès ist mit fein ziseliertem Goldblech beschlagen. Die gegenüberliegende Seite zeigt die in den achtziger Jahren erbaute Hassan-II-Moschee. Ihr Minarett ragt 185 Meter in den Himmel. In der Haupthalle können 20.000 Gläubige gemeinsam beten.

MAROKKO

DAS TOR zur Sahara im Maghreb

Blick in einen marokkanischen Souk.

Auf der gegenüberliegenden Seite sieht man das *Quartier des Tanneurs* in Fès, das Gerberviertel in der Altstadt. Tierhäute werden nach der Enthaarung in kreisrunden Lehm- und Ziegelsteinbehältern drei bis vier Wochen lang in Kalk gelegt. Danach werden sie mit den Füßen weich getreten, eingefärbt und schließlich getrocknet.

Marokko ist das Tor zur Sahara. Die große Wüste beginnt südlich der schneebedeckten Berge des Hohen Atlas (hier im Draatal bei Ouarzazate).

Das Oasenstädtchen Tinerhir im Hohen Atlas mit einer für die Sahara typischen Architektur.

2.000 Meter hohe Berglandschaft im Hohen Atlas.
Nur wenige Kilometer südlich des Gebirges beginnen
die Dünenmeere der Sahara.

In den endlosen Ebenen der Sahara werden wir Menschen zum Mittelpunkt einer gewaltigen Scheibe. Und dennoch weiß unser Tuaregführer – auch ohne GPS – immer genau wo wir uns befinden.

SAHARA

ORDNUNG im Chaos

Seit Jahrhunderten sind Kamelkarawanen die besten und sichersten Transportmöglichkeiten der Sahara.

„Unsere winzige Lebensspanne taugt nicht als Maßstab zur Erforschung der Sahara".
Uwe George

Bereits im 9. Jahrhundert hat der Ägypter Ibu' Abd-el-Hakim den Namen „Sahra" für die größte Wüste der Erde geprägt. „Sahra" ist ein arabisches Wort und heißt „die Rotbraune". Die Europäer haben daraus den Namen Sahara mit der Betonung auf der zweiten Silbe geprägt.

„Die Sahara ist ein kaltes Land mit einer heißen Sonne", sagen ihre Bewohner. Diese Feststellung deckt sich kaum mit dem Wissen aus unserer Schulzeit. Haben wir da nicht gehört, daß diese größte Wüste schattenlos, erbarmungslos heiß und für jeden Reisenden lebensbedrohend ist, sobald ihm das Wasser ausgeht? Auch das ist richtig. Dennoch habe ich nach über dreißig Saharareisen mehr Erinnerungen an eiskalte Abende am Lagerfeuer, an klamme Finger an der Kamera und an frierende Nomaden, die zitternd Schutz in dünnen Wolldecken suchen, als an unerträgliche Hitze, glühend heißen Sand und folternden Durst. Am Arbre du Ténéré, einem wichtigen Brunnen auf der traditionellen Karawanenroute von Agadez nach Bilma, lagerten wir zusammen mit mehr als 200 Kamelen, ihren Treibern und Führern. Ich fotografierte bei Sonnenaufgang das Erwachen des Lagers und sah immer wieder Tränen in den Augen der Männer, die ihre Kamele mit Futter und Hirselasten beluden. Ursache der Tränen war die eisige Kälte und der schneidende Wind. Die von der Dürre des Sommers geschwächten Kamele litten ganz besonders und brüllten vor Kälteschmerz. Das war im Januar. Im gleichen Monat wanderte ich mit Stativ und Kamera durch die gewaltigen Dünenmeere des Grand Erg Occidental - bekleidet mit Daunenjacke und Seidenhandschuhen. In den Tassilibergen habe ich einige Nächte ohne Schlafsack verbracht. Wir hatten strengen Frost und kauerten frierend um ein spärliches Feuer, das wir nur mit dürftigen Grashalmen nähren konnten. Dort oben in knapp 2.000 Meter Höhe gibt es kein Brennholz mehr. Auch Henri Lhote, der französische Entdecker der Tassili-Bilder, erzählte mir bei einem Treffen in Bern, dass Menschen und Tiere in der Sahara viel mehr unter der Kälte leiden als unter der Tageshitze.

Ebenso kann ich aber auch von brutaler Hitze berichten, die alles Leben lähmt und den Reisenden peinigt. Gegen Mittag willst du ein Schattendach spannen, aber der starke Wüstenwind - heiß wie aus einem Fön - reißt dir die Zeltplane über dem Kopf weg und alles Denken reduziert sich nur auf die Frage nach der besten Kühlmöglichkeit für das Trinkwasser. Du steckst deine Flaschen in einen nassen Sack und freust dich riesig, wenn der Wind das köstlichste aller Getränke auf 30 Grad herunterkühlt. In der größten Tageshitze - über 50 Grad im Schatten (den es oft gar nicht gibt) - schmeckt nur noch heißer, stark gesüßter Beduinentee. Moussa, ein befreundeter Tuareg aus Agadez, sagte mir einmal, dass heiße Getränke besser kühlen als warme und warme Getränke besser sind als kalte und eiskalte Getränke den menschlichen Körper nur überhitzen.

Im Akakus-Gebirge wollte ich prähistorische Reibeschüsseln fotografieren. Dafür musste ich mich lang auf den Boden legen. Meine nackten Füße steckten in offenen Sandalen, so dass die Zehen beim Liegen zwangsläufig die Steine berührten. Diese Berührungen hielt ich nicht aus, denn häufig wird der Boden mehr als 80 Grad heiß. Erst als ich eine Fußmatte aus dem Auto unterlegte, konnte ich die Fotos machen. Das war im

April. Unweit dieses Ortes bat ich zehn Monate später befreundete Tuareg, für einige Fotos von ihren Kamelen zu steigen. Der gleiche Boden war jetzt so eisig kalt, dass die Männer es nur wenige Minuten aushielten - sie waren barfuß.

Diese großen Temperaturunterschiede beruhen auf der hohen Sonneneinstrahlung und der vegetationslosen Wüstenoberfläche. Am Tag erreichen 90 Prozent der Sonnenstrahlung die bodennahen Luftschichten und heizen das Land auf. 10 Prozent werden von Staubpartikeln in der Luft und Wolken in die Atmosphäre abgelenkt. In der Nacht entweichen 90 Prozent der tagsüber angesammelten Wärme in höhere Luftschichten. Nur 10 Prozent verbleiben in Bodennähe. In unseren gemäßigten Regionen gelangen nur 40 Prozent der Sonneneinstrahlung auf die Erde, der Rest wird durch Wolken, Staub, Luftverschmutzung und Vegetation absorbiert und reflektiert. Während einer Langzeitmessung der Temperatur an 160 aufeinander folgenden Tagen hat man in der Sahara einen Durchschnittswert von 38 Grad gemessen. Die tiefste Temperatur in den Bergen betrug -18 Grad. Den Hitzerekord hält ein Ort in Libyen mit 58 Grad im Schatten!

Wir befinden uns tatsächlich im heißesten Gebiet der Erde. In der Zentralsahara liegen Räume, in denen es jahrelang und sogar jahrzehntelang überhaupt nicht regnet. Und wenn es dort doch zu Niederschlägen kommt, dann regnet es nur in großen Höhen. Kein einziger Tropfen erreicht den Boden. Die Sahara ist extrem heiß und extrem kalt - vor allem aber extrem trocken. Und genau diese Faktoren haben zur Entstehung dieser größten Wüste der Erde geführt. Seit der Entwicklung der Kontinente vor 3,5 Milliarden Jahren hat es in der heutigen Sahara immer wieder feuchte und auch trockene Perioden gegeben. Noch vor 10.000 Jahren zogen dort artenreiche Tierherden durch fruchtbare Savannenlandschaften wo jetzt nur noch nackte Steine liegen, und unwegsame Gebirge und endlos weite Sandmeere. Dieser Austrocknungsprozess hält an. Die Wüste rückt nach wissenschaftlichen Erkenntnissen etwa einen Kilometer pro Jahr in die südlichen Randzonen vor. Dieses Phänomen hat zu den verschiedenen Dürrekatastrophen der vergangenen Jahre im Sahel geführt.

Über dem Äquator steigt stark erwärmte und sehr feuchte Luft auf, kühlt ab und regnet aus. Die jetzt trockenen Luftmassen sinken über den Wendekreisen (im Fall der Sahara über dem nördlichen) ab, erwärmen sich am Boden und fließen als heiße und trockene Passatwinde in die äquatorialen Tiefdruckzonen zurück. Beobachtungen haben ergeben, dass von hundert Tagen in der Sahara nur sechs wirklich windstill sind.

Die enormen Temperaturunterschiede zwischen Tag und Nacht lassen Steine zerbersten und ganze Gebirge zerbröseln. Der Wind zerstört weiter, zerkleinert und verfrachtet alles, was ihm in den Weg kommt. Nur der

Die 3.000 Meter hohen Gipfel des Hoggar gehören zu den eindrucksvollsten Landschaften der Sahara.

feine Staub wird aus der Sahara fortgetragen - bis zu den Urwäldern des Amazonas, die jährlich mit etwa 13 Millionen Tonnen Saharastaub gedüngt werden.

So entsteht zunächst ein gewaltiges landschaftliches Chaos, das vom ständigen „Sandstrahlgebläse“ der Wüste geschliffen, poliert und verändert wird - bis sich in diesem Chaos wieder eine großartige Ordnung ergibt. Diese Ordnung im Chaos gehört zu den ungewöhnlichen Faszinationen der Wüste, ja zu den wahren Weltwundern der Natur.

Die großen Sandmeere der Sahara gehören zweifellos zu den schönsten Landschaften der Erde. Wie genau diese Dünen-

Schwarzafrikaner auf dem Weg in das europäische Asyl.

meere mit ihren Wellenbergen und Wellentälern entstehen, ist bis heute - zumindest teilweise - noch sehr rätselhaft. Zunächst wurde angenommen, dass alleine horizontale Luftströmung - und damit die horizontale Sandverfrachtung - Dünen formt, verändert und weiterschiebt. Vermutlich spielen aber auch vertikale und rotierende Winde sowie die elektrische Ladung der Sandkörner eine gewichtige Gestaltungsrolle. Auf jeden Fall sind diese weißen, gelben, goldenen, roten oder violetten Sandkörner die letzten Abbauprodukte aus der „Selbstverwüstung" der Sahara. Aus dem einst festen Material werden in Jahrtausenden winzige Partikelchen, Körner von 0,2 bis 2 Millimeter Größe, scharfkantig, eckig, Sand! Der ewige Wind treibt diesen Sand fort, von den Bergen in die Ebenen. Irgendwo, meist in Senken vor einem Hindernis bleibt der Sand liegen. Das kann ein Stein sein oder auch nur ein winziger Grashalm. Die herangewehten Körner türmen sich auf, neue Sandmassen werden von weither herangetragen, denn die Grundrichtung des Windes ändert sich kaum. Die Sandmeere prallen gegen das Hindernis, vergrößern den Sandhaufen. Eine Düne entsteht. Diese Düne ist an der Oberfläche ständig in Bewegung. Die Sandkörnchen reiben und scheuern sich gegenseitig. So werden sie zu winzigen Kugeln abgeschliffen - oder auch nicht!?

Professor Henri Lhote sagt dazu: „Die rundpolierten Sandkörner entstammen ausnahmslos den Flussbetten, in denen die Wasser sie durch gegenseitige Reibung gestaltet haben. Die eckigen Körner sind dagegen äolischen Ursprungs" (äolisch = durch Windeinwirkung entstanden). Dagegen argumentiert der amerikanische Wüstenforscher A.Starkerleopold von der University of California: „Man hat früher geglaubt, dass die Rundung von Sandkörnchen, ähnlich wie die der Kiesel, auch im Wasser erfolgen könne. Aber Laborversuche haben ergeben, dass winzige Sandkörnchen ein viel zu geringes Eigengewicht haben, als dass sie sich gegenseitig im Wasser abschleifen könnten. Man hat ausgerechnet, dass ein Quarzwürfelchen von 1,7 Millimeter Durchmesser bis zu seiner völligen Abrundung im Wasser einen Weg zurücklegen müsste, der 55 mal so lang ist wie der Äquator. Dasselbe Würfelchen würde durch Windkorrasion 100-1000 mal schneller zu einer winzigen Kugel geschliffen werden."

Wie dem auch sei, runde und eckige Sandkörner häufen sich zu Dünen und ganzen Sandmeeren, bleiben teilweise als fixe Dünen am Ort der Entstehung liegen oder beginnen, vom Wind angetrieben, zu wandern. Fixdünen haben oft die Form eines riesigen Sterns, denn wo sie sich finden weht der Wind aus verschiedenen Richtungen gegen das Hindernis. So entstehen die schönsten und höchsten Dünen der Sahara. Gleichmäßig aus ein und derselben Richtung wehende Winde lassen Längs- oder Querdünen entstehen (längs oder quer zur Windrichtung). Optisch erscheinen mir wandernde Sicheldünen, die wir in der Sahara Barchane nennen, am interessantesten. Wo nur wenig Sand vorhanden ist, entstehen kleine Dünenanhäufungen, die vom Wind an den Flanken schneller vorangetrieben werden als im Zentrum.

So bekommen diese Sandhaufen konkave Formen an der Front und wandern als Sichel bis zu 50 Meter pro Jahr. Stoßen sie an ein Hindernis, beispielsweise an eine Felswand, bleiben sie liegen. Andere Sicheldünen - sie „marschieren" meistens im „Verband" durch die Wüste - laufen von hinten auf und klettern auf die festliegende Düne. So verdoppelt sich schon nach der zweiten Düne ein vor einem Felsen liegender Sandhaufen. Weitere

Dünen folgen und schließlich ist die ganze Felswand „erklommen“. Jetzt setzen die Barchane ihren Marsch fort. Tiefgründige Kenntnisse über Sanddünen und ihren Aufbau und die geschilderten Formen verdanken wir dem britischen Wissenschaftler Ralph A. Bagnold, der Windkanäle in den Ergs der Sahara aufbaute und das Zusammenwirken von Sand und Wind erforschte. In seinem Exepditionsbericht schreibt er: „Statt Chaos und Willkür findet der Betrachter zu seinem Erstaunen Formen von klarer Einfachheit, die sich höchst regelmäßig wiederholen und eine fast geometrische Ordnung verraten, die man sonst bei Gebilden der Natur höchstens in den viel kleineren Strukturen der Kristalle antrifft.“ Zu den wichtigsten Sandfeldern der Sahara gehört der Große Östliche Erg (Grand Erg Oriental) in Algerien zwischen El Oued, Ouargla, Fort Flatters und Ghadames. Dieses riesige Sandmeer liegt in einem Becken, das gleichzeitig der Urheber für die gewaltigen Sandmassen ist. Am Fuße des Atlasgebirges wird Sand vom Wind in große Höhen getragen und nach Süden transportiert. Über dem Becken wird der Wind langsamer und bricht sich. Er lässt seine Sandlast fallen und das Becken füllt sich. Dieser Prozess setzt sich fort, und so werden jährlich etwa sechs Millionen Tonnen Sand über der Senke angehäuft, die längst zu einem Sandgebirge gewachsen ist. Neben diesen Sandmeeren gibt es bizarre Felslandschaften, weiße Kalkpilze, rostbraune Vulkanschlote, schwarze Schuttwüsten, endlose Ebenen, in denen von Horizont zu Horizont keine Abwechslung erkennbar ist und der Reisende zum Mittelpunkt einer gewaltigen Scheibe wird. Flache Plateaus werden von schroffen Klippen zerrisen, von scharf eingeschnittenen Tälern durchzogen und von unzähligen Felsen übersät. So wird die Wildnis zu einem gewaltigen Labyrinth aus natürlichen Tunneln, Höhlen und Gängen. Glatte Kiesebenen wechseln mit rauhem Schotter und scharfkantigem Gestein. All diese geordneten und ungeordneten wilden Landschaften sind unendlich weit, groß, kalt, heiß und unglaublich sauber.

Kleinste Spuren von Fremdkörpern, eine Plastiktüte, eine fortgeworfene Getränkedose, eine leere Filmschachtel oder ein kleines Stück Toilettenpapier sind schockierend und zeigen uns ganz besonders in der Reinheit dieser unbefleckten Wüste, wie anfällig unser Planet gegen jede nicht organische Verschmutzung ist.

Otl Aicher schreibt in seinem bemerkenswerten Buch „gehen in der wüste“: „In der Wüste gehen ist in den Hochkulturen immer ein Akt der Reinigung, Selbstvermessung der Verhaltensdisziplin und der Schärfung des Denkens.

Wir leben wie Tiere, die nie aus dem Stall herauskommen. In die Wüste gehen heißt, einmal den Stall verlassen. Gleichzeitig ist es eine Art Kur. Die Genügsamkeit baut falsche Stoffe ab. Anders als in unseren Kuren mit dem Kurbetrieb aus einer Mischung von Billighotel und Ausbildungsheim für Krankenschwestern.“ Auf meiner letzten Wüstenreise in das Herz der libyschen Sahara begleitete mich ein sehr erfolgreicher Manager und Unternehmer, der nie vorher unter dem berauschenden Sternenhimmel geschlafen hatte, nie vorher eine Woche lang ohne Dusche auskommen musste. Dieser Mann wurde Tag für Tag mehr beglückt über die eigene Erkenntnis, das alles zu überleben und sich dabei wohlzufühlen. Wer in die Wüste geht, entdeckt nicht nur ein großartiges Stück uns fremd gewordener Natur, sondern erfährt auch ein Stück von sich; er gelangt an die Quellen der eigenen Existenz.

Bouchari, unser Tuareg-Koch, bereitet Frühstück in der Wüste.

Zu den schönsten Oasen der algerischen Sahara gehört Taghit im Westen des Grand Erg Occidental. Taghit war schon immer ein Absteigequartier für die Doui-Menia-Halbnomaden, die dort einige Tausend Palmen besitzen.

OASEN am Großen Erg

In Ghardaia sind die Häuser am Hang eng aneinander gebaut. Schmale Gassen und Treppen verbinden die Stadtteile miteinander. Die Bewohner, Mozabiten, sind fanatische Moslems. Während auf dem Marktplatz täglich ein buntes Treiben herrscht, bitten auf dem Friedhof von Melikka einige Frauen um einen guten Mann für die Ehe oder ein gesundes Kind.

Sudanesische Lehmhäuser und Lehmziegelmauern prägen das malerische Stadtbild der algerischen Stadt Timimoun. Das rechts abgebildete Sudantor der Stadt erinnert an afrikanische Städte im Nigerknie. Auch Timimoun ist eine der reizvollsten Oasen in Algerien.

تيميمون

ERFORSCHUNG und Eroberung

Morgenstimmung in der Wüste.
Die gegenüberliegende Seite zeigt einen festlich gekleideten Mann aus dem Fezzan, Libyen.

„Das Erste, was ich am Morgen nach meinem Einzug in Timbuktu hörte, war, dass Hammadi die Fulbe davon in Kenntnis gesetzt hat, dass ein Christ die Stadt betreten hätte und dass in Folge dessen diese herrschende Klasse den Entschluss gefasst hatte, mich zu töten. Ich ließ mich indessen keineswegs durch diese Gerüchte einschüchtern."
Heinrich Barth in seinem Tagebuch am 8. September 1853

Obwohl die Römer bereits vor 2.500 Jahren in die ungastliche Wüste vorgestoßen waren und sie vermutlich sogar durchquert haben, blieb die Sahara im gesamten Mittelalter eine „Terra incognita". Im siebten Jahrhundert erfolgte die erste arabische Invasion in Nordafrika, im elften Jahrhundert die zweite. Durch diese beiden Ereignisse wurde Europa aus der Sahara vertrieben. Ungläubige - und das waren in den Augen der Moslems die Christen genauso wie alle Weißen schlechthin - fanden keinen Platz mehr unter den extremen Jüngern Allah's. Weißen Forschern, Kaufleuten, Missionaren und Abenteurern drohte in der arabischen Welt der Sahara der sichere Tod durch das Schwert oder das Gewehr eines religiösen Fanatikers.

In der zweiten Hälfte des 18. Jahrhunderts war Nordafrika mehr oder weniger nur im Bereich seiner Küsten erforscht. Aber im Abendland wuchs das Interesse an der großen Wüste. Viele Europäer lehnten sich gegen das arabische Bollwerk des Sklavenhandels auf, andere witterten gute Handelsmöglichkeiten in genau diesem Raum.

1788 wurden in Großbritannien zwei neue Vereinigungen gegründet: die Gesellschaft der Freunde der Schwarzen forderte ein striktes Verbot des Sklavenhandels und die British African Association (BAA) wollte die systematische Erforschung des afrikanischen Binnenlandes fördern. Bereits zwei Jahre nach ihrer Gründung, 1790, schickt die BAA den britischen Offizier Daniel Houghton über Gambia in den Süden der Sahara, um den

Reibeschüsseln und Reibesteine liegen neben Pfeilspitzen, Faustkeilen und Tonscherben in großer Zahl in der Ténéré-Wüste und zeugen von einer damals dichten Besiedlung dieses Sahara-Raumes.

Niger zu erkunden. Die Expedition verschwindet für immer! Der schottische Arzt Mungo Park bricht vier Jahre später auf und entdeckt 1796 als erster Europäer den Niger. Am 21.Juli notiert Mungo Park: „Ich blickte vorwärts und sah mit unendlichem Vergnügen den großen Gegenstand meiner Sendung, den majestätischen Niger, so breit wie die Themse bei Westminster, in der Morgensonne flimmernd und nach Osten fließend!"

Nach großen Strapazen kehrt Mungo Park in seine Heimat zurück und wird dort als Held gefeiert. 1805 reist er erneut nach Afrika. Sein Ziel ist jetzt Timbuktu, die sagenumwobene Stadt, in der Europäer großen Reichtum und lukrative Handelspartner vermuten. Mungo Park erreicht dieses Ziel, kann aber nicht mehr über Timbuktu berichten, denn er ertrinkt in dem Fluss, den er wenige Jahre vorher für Europa entdeckt hat.

Nach diesem Desaster erkennt die British African Association, wie gefährlich Expeditionen in den Sudan geworden sind, denn die dortigen Bewohner sind nach drei Jahrhunderten Sklavenhandel extrem agressiv geworden. Das Wort Sudan steht hier nicht für den gleichnamigen Staat, sondern für den gesamten fruchtbaren Steppengürtel südlich der Sahara. Jetzt möchte die BAA den Sudan, der immer noch als Goldgrube angesehen wird, von Norden her erforschen. Die Gesellschaft schickt 1798 den Deutschen Friedrich Hornemann mit dem Auftrag nach Kairo, von dort aus zum Niger vorzustoßen. Hornemann spricht so perfekt arabisch und nennt sich Youssouf, dass kein Muselmane auf den Gedanken kommt, er könne ein Christ sein. Mit einer Karawane zieht Hornemann nach Murzuk. Von hier gelingt es ihm noch, eine Reisebeschreibung und einen Brief an seine Mutter nach England zu schicken. Danach hört die Außenwelt nichts mehr von dem jungen Forscher. Vermutlich hat Hornemann den Niger erreicht und wurde dort von Arabern ermordet. Friedrich Hornemann war erst 28 Jahre alt. Die Auftraggeber in London lassen sich durch all diese Fehlschläge nicht entmutigen, sie rüsten 1822 bereits eine neue Expedition für die Wüste aus; Hugh Clapperton, Dixon Denham und Walter Oudney. Zusammen mit einer gut bezahlten arabischen Leibwache ziehen die Männer von Tripolis aus gen Süden. An den wenigen Brunnen finden sie erschreckend viele menschliche Skelette, die den Forschern den vermuteten brutalen Sklavenhandel durch die Sahara auf grausige Art bestätigen. Als erste Expedition durchqueren die Engländer die Ténéré. Nach monatelangen Strapazen kündigt sich der Sudan mit spärlicher Vegetation und ersten Grasbüscheln an. Und dann - am 4.November 1822 - sehen die Männer plötzlich eine silberne Fläche am Horizont. Hugh Clapperton und seine Männer haben den Tschadsee entdeckt.

Endlich im Sudan angekommen, fühlt sich Walter Oudney schwach und krank und ausgelaugt. Er bittet Clapperton um einige Ruhetage, bekommt aber diese Antwort: „Es ist die Pflicht eines römischen Imperators im Stehen zu sterben. Ein britischer Entdecker hingegen muss den Tod im Gehen finden." Zwei Tage später, am 12. Januar 1824, stirbt Oudney an Erschöpfung und am Fieber.

Auch Clapperton ist krank und schwach, setzt aber die Reise fort. Der Tschadsee ist von verfeindeten Königreichen und Fürstentümern umgeben. Zu den mächtigsten Männern dieses Raumes zählt Mohammed Bello in seiner Hauptstadt Sokoto. Bello ist ein gebildeter und sehr belesener Fürst. Er empfängt Clapperton, hört sich dessen Freundschaftsbeteuerungen des englischen Königs Georg IV. an und verweigert seinem Gast aus Großbritannien dennoch die Weiterreise nach Timbuktu. Clapperton und Denham kehren um. Sechs Monate brauchen sie, um die Sahara bis nach Tripolis zu durchqueren. 1825 erreichen sie England. Hugh Clapperton wird zum Commander befördert und von der Krone erneut nach Afrika geschickt. Als Gastgeschenke für die Herrscher der interessanten Königreiche im Süden der Sahara nimmt er große Mengen an Gewehren und Munition mit. Auch bei diesem zweiten Besuch wird Clapperton von Mohammed Bello gestoppt. Im April 1827 stirbt Hugh Clapperton an Ruhr und Erschöpfung.

Das nächste „Opfer" ist Major Alexander Gordon Laing. Er zieht ebenfalls durch die Sahara über Tripolis, Ghadames und Ain Salah nach Süden - Richtung Timbuktu. Nicht als Muselmann getarnt, sondern stolz in seiner britischen Offiziersuniform. Im Süden der Hoggar-Berge wird Laing von Tuareg angegriffen und schwer verwundet. Er gibt nicht auf und reist weiter nach Süden. Der Offizier seiner Majestät, des britischen Königs, erreicht die geheimnisvolle Stadt Timbuktu am Niger am 13. August 1826 - und wird wenige Wochen später von Einheimischen ermordet. Alle wichtigen Aufzeichnungen über diese Expedition gehen verloren.

Expeditionsleiter, die unterwegs ihr Leben verlieren, sind nicht wirklich erfolgreich. Dennoch liest der junge Franzose René Caillié begeistert alle Berichte von der Suche nach Timbuktu - und beschließt, die Sache endlich zu Ende zu bringen. Caillié ist aber weder Offizier noch Akademiker. Frankreich und auch England verweigern dem Abenteurer ihre Unterstützung. Aber der mutige Bursche, dessen Vater in Ketten im Gefängnis sitzt, ist hart gegen sich selbst und voller Idealismus. Völlig mittellos macht er sich auf den Weg und versucht, Timbuktu über den Senegal zu erreichen. Bei Mauren lernt er arabisch und erfindet eine rührselige Geschichte. Er sei gläubiger Moslem aus Ägypten, wurde von den Soldaten Napoleons geraubt und nach Frankreich verschleppt. Nun sei er nach Afrika zurückgekehrt und möchte heim nach Ägypten, um dort seine Familie zu suchen. So zieht René Caillié mit verschiedenen Karawanen ostwärts, oft vom Tropenfieber und Skorbut gebeutelt.

„Mein Gaumen war vollkommen entblößt, ein Teil der Knochen löste sich und fiel aus; meine Zähne lockerten sich, ich litt entsetzliche Schmerzen; ich fürchtete vor Kopfschmerzen verrückt zu werden; mehr als 14 Tage lang fand ich keinen Augenblick Schlaf."

Trotz solcher Tortouren erreicht der Franzose am 20. April 1828 sein langersehntes Ziel - Timbuktu! „Als der erste Enthusiasmus nachließ, fand ich, dass der Anblick, den ich vor Augen hatte, nicht meiner Erwartung entsprach; ich hatte eine ganz andere Vorstellung von der Größe und dem Reichtum dieser

Die Felsbilder im Air sind weit weniger erforscht als die Bilder im Tassili und die Gravuren im Akakus. Bei diesen Bildern sprechen die Tuareg von „Außerirdischen".

Stadt. Auf den ersten Blick besteht sie nur aus einer Ansammlung schlecht gebauter Lehmhäuser; darüber hinaus, so weit das Auge reicht, riesige Treibsandflächen von weißlicher bis gelblicher Farbe und extremer Dürre. Zeichen eines unaufhaltsamen Zerfalls (der Stadt) sind nicht zu übersehen."

In Timbuktu erfährt Caillié auch Details über das traurige Schicksal von Laing. Ein „Wüstenscheich" nahm den als Europäer gekleideten Offizier angeblich nur wenige Meilen von Timbuktu entfernt gefangen und

Der Silberschmied Mohamed Kumama aus Agadez hat eine schlanke Wüstengazelle aus Silber nach der „verlorenen Form" gefertigt.

versuchte, ihn zum Islam zu bekehren. Als Laing erwiderte, dass er lieber sterben würde als seine Religion zu verraten, ließ ihn der „Scheich" von einem Sklaven erdrosseln.

Zwei Wochen verbringt der mutige Franzose in der verbotenen Stadt. Für sein letztes Geld kauft er ein Kamel und schließt sich einer Karawane an, die aus 1.400 Tieren besteht und Gold, Sklaven, Elfenbein, Gummi, Straußenfedern und Stoffballen zum Mittelmeer transportiert.

Für Caillié beginnt ein neuer Leidensweg. Nach einem Sandsturm finden die Männer nur trockene Brunnen vor, müssen mehrere Kamele schlachten, um das übel riechende Wasser aus deren Mägen zu trinken. Ende Juni erreicht die Karawane endlich Marokko - und René Caillié lebt noch immer. Im Oktober 1828 erreicht er Paris und wird als „Besieger von Timbuktu" triumphal gefeiert. England ist dagegen über das Schicksal Laings geschockt und glaubt den Erfolgsberichten Cailliés nicht.

Mit diesen Ereignissen ist ein Wettlauf zwischen England und Frankreich um die Sahara entbrannt. 1830 kolonisiert Frankreich Algerien und leitet so nach der Erforschung die Eroberung der Wüste ein. 20 Jahre später schickt Großbritannien erneut eine starke Expedition in die Sahara. Leiter ist James Richardson, ihm zur Seite stehen die deutschen Wissenschaftler Dr. Adolf Overweg und Dr. Heinrich Barth. Die beiden Deutschen haben so viele wissenschaftliche Instrumente, Gastgeschenke, Nahrungsmittel und andere Ausrüstung dabei, so dass alleine zehn Kamele dafür gebraucht wurden. Heinrich Barth nennt sich auf dieser Expedition Abd el-Kerim, der „Diener des Allerhöchsten". Er spricht fließend Arabisch.Von Tripolis nach Murzuk ist der Weg seit der Römerzeit bekannt, weiter südlich teilt sich die Route. Der östliche Abzweig führt zum Tschadsee, der westliche zum Air-Gebirge, das noch kein Weißer betreten hat. Die Barth-Expedition wählt diese völlig unbekannte Route. Nach geschickten Verhandlungen durch Barth erklären sich Tuareg-Häuptlinge bereit, die Europäer zu führen und zu schützen. Heinrich Barth entwickelt sich in Afrika zum blendenden Diplomaten und seine Gastgeschenke waren immer überlegt und großzügig.

Nach der Durchquerung der nördlichen Ténéré-Wüste entdecken die Forscher das eindrucksvolle Bergmassiv des Air. Heinrich Barth spricht von der „Schweiz der Sahara". Südlich des Air trennen sich die drei Männer, um auf unterschiedlichen Wegen das Gebiet um den Tschadsee zu erforschen. Overweg fährt in einem mitgebrachten Boot zum Tschadsee, Barth zieht nach Kano und Richardson Richtung Zinder. Schon wenige Wochen später erfährt Barth von einem Reisenden, daß Richardson an Fieber gestorben sei. Barth erreicht den bedeutenden Markt von Kano, über den Hugh Clapperton, 1824 der erste Weiße dort, schon so begeistert berichtet hat. Barth vermerkt erstaunt in seinem Tagebuch, dass dort französische Seide, englische Stoffe, Tuch aus Sachsen, Glasperlen aus Venedig, Kurzwaren aus Nürnberg und Klingen aus Solingen gehandelt werden.

Um das Land zu erforschen, begleitet Barth sogar einen Scheich auf der Sklavenjagd und zieht mit räuberischen Banden umher. Inzwischen spricht der Mann aus Hamburg neben Arabisch auch Hausa, sowie weitere acht afrikanische Sprachen.

Im August 1852 trifft er mit Overweg wieder zusammen und ist erschrocken, wie krank sein Freund aussieht. Einen Monat später stirbt Overweg. Heinrich Barth fasst den Entschluss, alleine weiter nach Timbuktu zu reisen. Er erreicht die Stadt, bestätigt alle Aufzeichnungen von René Caillié und bleibt volle acht Monate in Timbuktu. Auch Heinrich Barth ist von Timbuktu enttäuscht. In seinen Augen ist die berühmte Stadt nur „eine Anhäufung schmutziger Häuser aus getrocknetem Lehm".

Schließlich zieht Heinrich Barth mit einer Karawane zurück nach Murzuk, wo er Mitte Juli 1885 ankommt. Hier war er vor fünfeinhalb Jahren aufgebrochen. In dieser Zeit hatte Barth 15.000 Kilometer im Kamelsattel zurückgelegt und die südliche Sahara bis zum Tschadsee und Timbuktu erkundet, wie kein anderer Forscher vor ihm. In England wird Heinrich Barth mit mäßigem Interesse empfangen. Der große Afrikaheld ist vielmehr David Livingston, der den Sambesi und die Viktoriafälle entdeckt hat. Auch Deutschland empfängt den Afrikaforscher nicht unbedingt mit offenen Armen. Man verweigert ihm sogar die ersehnte Professur. Ist es da verwunderlich, wenn dieser vielleicht größte Saharaforscher verdrossen an seine einsamen Jahre in der Wüste zurückdenkt:

„Wie sehne ich mich nach einem freien Nachtlager in der Wüste, in jenem unermesslichen Raume, wo ohne Ehrgeiz, ohne Sorgen um die Tausend Kleinigkeiten, die hier den Menschen quälen, ich mich in Hochgenuss der Freiheit nach Beendigung des Tagesmarsches auf meine Matte zu strecken pflegte, um mich meine Habe, meine Kamele, mein Pferd."

Nach den Briten und Deutschen kommen die Franzosen wieder zum Zuge. Der erst 17 Jahre alte Henri Duveyrier begeistert sich nach einem kurzen Algerienaufenthalt für die Sahara und die Tuareg so sehr, dass er 1860 eine Expedition zu den Tuareg des Tassili unternimmt. Er schließt Freundschaft mit den Nomaden, erkundet das bis dahin noch völlig unbekannte Gebirge und berichtet den Franzosen erstmals ausführlich von einem stolzen Nomadenvolk im Herzen der Sahara, von den berühmten blauen Männern.

Der Bann ist gebrochen, Saharareisende kehren lebend und mit neuen geografischen Kenntnissen zurück. Das alles ermutigt andere Forscher, in die Sahara aufzubrechen. Der Deutsche Gerhard Rohlfs wird zu einem wahren „Marathonläufer im Sand", ab 1864 durchquert er die Sahara auf verschiedenen

Hat die Kilometerangabe nach Regensburg vielleicht etwas mit Heimweh zu tun?

Expeditionen von Nord nach Süd und als erster Europäer auch von Ost nach West. Gustav Nachtigal entdeckt 1869 das Tibesti-Gebirge. Allmählich wird ein weißer Fleck nach dem anderen auf den Landkarten getilgt.

Nachdem die Amerikaner 1869 ihre erste Eisenbahnverbindung zwischen dem Atlantik und dem Pazifik erfolgreich gebaut haben, suchen die Franzosen nach einem ähnlichen Erfolg in Afrika und planen eine Eisenbahnlinie von Algerien bis in den Senegal, um sich mit diesem utopischen Projekt einen Handelsvorteil gegenüber Großbritannien zu sichern. Der saharaerfahrene Offizier Oberst Paul Francois Xavier Flatters führt trotz eines

Die 24 Meter hohe Moschee von Agadez gehört zu den Wahrzeichen der Sahara. Die Holzleisten stützen die Treppen im Inneren.

starken Hüftleidens seine Expedition zur Erkundung der Eisenbahntrasse gegen den Willen der Tuareg in das Hoggargebirge. Die blauen Männer richten unter den Franzosen ein Blutbad an. Sie metzeln am 14.Februar 1881 Flatters und viele seiner Begleiter mit ihren Schwertern und den veralteten Gewehren brutal nieder. Der Rest der gescheiterten Expedition zieht sich unter Führung von Leutnant Dianous zurück, und versucht in einem verzweifelten Marsch, das über 1.000 Kilometer entfernte Wargla (Quargla) zu erreichen. Die Tuareg bleiben den Franzosen auf den Fersen und warten nur auf das Schwächerwerden des Gegners. Am 9. März erreichen die verzweifelten Franzosen eine Wasserstelle und treffen auf scheinbar friedliche Tuareg, die den Halbverhungerten Datteln anbieten. Gierig schlingen die Soldaten die Früchte hinunter - sie sind durch Alkaloide aus dem Bilsenkraut vergiftet. Nur wenige Franzosen überleben diese zweite Attacke. Es kommt unter den Überlebenden sogar zu Kanibalismus. So wird die berühmte Flatters-Expedition zur größten Katastrophe in der Saharaforschung. Bei der „Mission Flatters" finden elf Franzosen und hundert arabische Soldaten den Tod. Die ersten Freundschaftsbande zwischen Franzosen und Tuareg, von Henri Duveyrier umsichtig und klug geknüpft, werden durch den ehrgeizigen Dickschädel Flatters zunichte gemacht. Henri Duveyrier wird nach dem Massaker während der Flatters Expedition von der französischen Presse scharf angegriffen, weil er seine Freunde, die Tuareg, verteidigt. Im April 1892 begeht er in Sèvres Selbstmord.1890 unterzeichnen Großbritannien und Frankreich einen Vertrag, in dem die eroberten Gebiete der Sahara aufgeteilt werden. Die französische Armee erobert Ain Salah im Süden Algeriens und hisst die Trikolore 1894 in Timbuktu. Acht Jahre später, 1902, unterwerfen sich auch die Tuareg den Franzosen.

„Wir zogen Linien durch Gebiete, die nie eines Weißen Fuß betreten hat", sagte Lord Salisbury 1890 im Parlament in Westminster, nachdem Afrika und die Sahara auf der Berliner Konferenz aufgeteilt wurden. Diese Linien durchziehen die Sahara noch heute - in den meisten Fällen als unmenschliche Grenzen, die überhebliche und unwissende Politiker den Bewohnern der Wüste am grünen Tisch in Berlin aufgezwungen haben.

Wüstenkürbisse (Colocynthis Vulgaris) sind so bitter, dass sie selbst vom Vieh gemieden werden. Sie werden bis zu 10 Zentimeter groß.

Aufstieg zum Plateau der Bilder. Der Weg führt durch eine Chaos-Landschaft hinauf zum 1.784 Meter hohen Tafalelet-Pass. Die beiden geschmückten Frauen in Tan Zoumaitak aus der Rundkopfperiode sind 80 Zentimeter hoch und werden durch weiße Mufflonmalereien teilweise überlagert.

ALGERIEN

LOUVRE im Tassili

Das Bild zweier Bogenschützen in einem Boot in Tin Tazarift misst 85 Zentimeter und stammt aus der Rinderzeit. Zwei weitere Männer laufen auf das Boot zu. Die rechts stehende typische Jagdszene aus In Etuami stammt ebenfalls aus der Rinderzeit, ist 13 Zentimeter groß und zeigt einen Mann mit Lanze und Schwert.

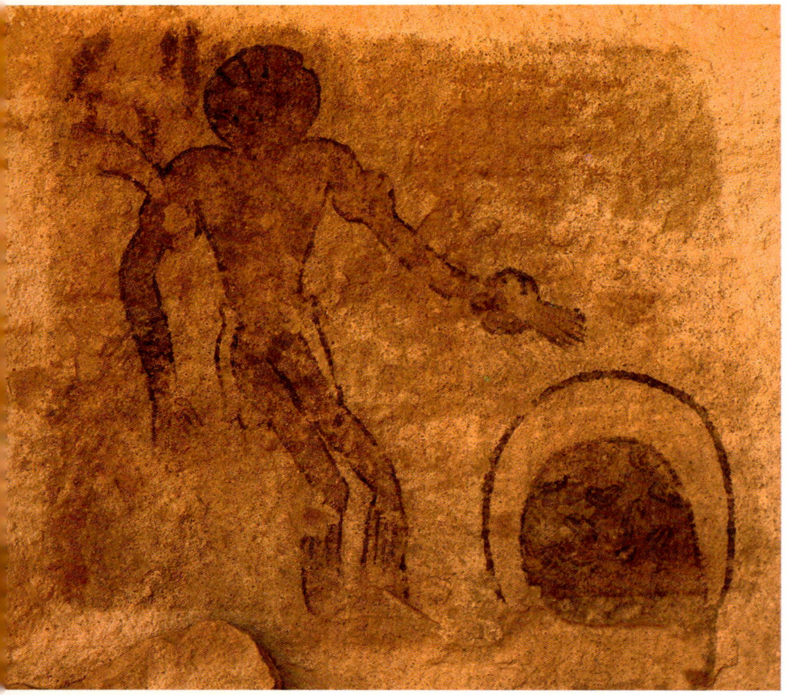

In Tin Tazarift befindet sich diese mit Federn und einem Armreif geschmückte Person aus der Rundkopfperiode. Was das Objekt vor der Person darstellen soll ist unklar. Vielleicht ist es eine Hütte. Das Bild ist 70 x 70 Zentimeter groß.

„Bevor die Menscheit die Schrift erfand, hat sie das, was sie dachte, was sie sich wünschte, was sie von der Gottheit erflehte, auf die Felsen gemalt, diese Felsen haben die Ursprache der Menschheit erhalten - bis heute" Herbert Kühn

„Hoh, Hoh, Hoh," schallt es durch Felsen und Schluchten. Moussa, der etwa 15 Jahre alte Eseltreiber aus Djanet, hat ein kleines Stöckchen in der Hand und haut ohne Erbarmen auf die voll bepackten und oft widerspenstigen Tiere ein. Die Esel stehen nicht gut im Futter, ihre Rippen sind durch das verwahrloste Fell deutlich zu sehen. Da hängen unsere Kanister mit 100 Litern Wasser, Normans schweres Filmstativ, die Ariflex trägt er selbst im Rucksack, Säcke mit Konserven und Küchengeräten, Schlafmatten und Decken und wieder viel zu viele unnütze Kleinigkeiten, ohne die wir scheinbar nicht auskommen können.

Der Weg ist steil und führt in Serpentinen durch Geröll und Fels. Um uns herum stehen stolze Burgen aus Sandstein mit senkrechten Wänden auf riesigen Schuttkegeln. Hinter den Burgen und Türmen ahnen wir die Sonne, bald schon wird sie wieder von oben in dieses Chaos aus Steinen und Schluchten und großen Felsebenen scheinen. Aber noch steigen wir im angenehmen Schatten bergauf hinter unserer kleinen Eselkarawane her. Ziel ist der 1.784 Meter hohe Tafalelet-Pass, über den man auf das Plateau der Bilder gelangt. Ihn wollen wir möglichst noch im morgendlichen Schatten erreichen und dann über die flachen Felsen nach Tamrit weiterwandern.

Die Eselkarawane haben wir in Djanet zusammengestellt. Rund um den Erdball gibt es Felszeichnungen und Gravuren aus prähistorischer Zeit, aus der keine schriftlichen Geschichtsüberlieferungen vorliegen. Mit Sicherheit sind noch längst nicht alle Bilder aus unserer Vorgeschichte entdeckt. Es war schon die Rede davon, dass die Sahara nicht immer so trocken war wie heute. Es gab Wasser, Flüsse und Seen mit großem Fischreichtum überzogen das Land dort, wo heute Wüste ist. Speziell in der Ténéré hat man weite Muschelbänke und unzählige Fischknochen gefunden. Hier konnten also Menschen und Tiere leben, und eine Reise in die Ténéré oder in die Tassili-Berge glich vor achttausend Jahren einer heuigen Safari nach Ostafrika! In den Steppen der jetzigen Wüste tummelten sich Giraffen, Antilopen, Elefanten, Strauße und große Rinderherden. Unter ihnen lebten Menschen als Jäger, Hirten und Krieger. Viele von ihnen waren Künstler. Sie malten an die Wände ihrer Wohnungen und Rastplätze. Oder sie gravierten und ritzten ihre Bilder mit hartem Feuerstein in den weicheren Sandstein. Dabei finden wir Gravuren in der gesamten Sahara, großflächige Malereien dagegen vor allem in den Gebirgen der Wüste. Und unweit solcher Bild-Konzentrationen fanden die Archäologen auch immer Siedlungsspuren und Reste von Wohn- und

Eine flüchtende Antilope wird von drei Jagdhunden verfolgt. Zwei Männer - einer mit einer Lanze bewaffnet - folgen den Tieren. Die Zeichnung befindet sich im Wadi Teshuinat im Akakus-Gebirge und stammt aus der Pferde- oder Dreiecksmenschenzeit. Das Bild ist etwa 100 Zentimeter lang.

Lagerplätzen. Aus solchen Siedlungen stammen die vielen Faustkeile und Steinbeile, die Pfeilspitzen und die Reibsteine. Neben diesen „toten“ Gegenständen fanden die Wissenschaftler auch organische Spuren wie Holzkohle und Stoffreste und daran lässt sich sehr genau das Alter bestimmen, das man nun auf die gleichzeitig gefundenen Werkzeuge überträgt. Weit verbreitet zur Altersbestimmung ist die Radiokarbonmethode. In jedem lebendem Organismus wird in gleich hohem Maße radioaktiver Kohlenstoff ^{14}C aufgebaut. Nach dem Absterben zerfällt die radioaktive Strahlung langsam aber kontinuierlich. Die jetzigen Werte werden im Labor gemessen, das Alter der Fundsachen ist damit bestimmt. Gemalt wurde mit Erd- und Steinfarben in Ziegelrot, Schwarz und Weiß. Dazwischen finden wir grüne, gelbe und blaue Töne. Vermutlich wurden für die Herstellung der Farben eine Schieferart fein zermahlen und mit Eiweißstoffen (Kasein) und Akaziengummi vermengt. Über die ersten Zeichnungen berichtete schon 1847 ein französischer Spähtrupp. Drei Jahre später fand Heinrich Barth im libyschen Fezzan Bilderansammlungen und nach weiteren zehn Jahren stieß der Franzose Henri Duveyrier auf der Ostseite der Tassiliberge auf verblüffend schöne Felsbilder. Das größte Museum dieser Art fand und erforschte der Franzose Henri Lhote Anfang der fünfziger Jahre hier im Tassili auf zwei Expeditionen, die weltweites Aufsehen erregten. Zusammen mit seinem ortskundigen Tuaregführer Jebrine und Malern aus Frankreich und Italien zog Henri Lhote mit einer großen Kamelkarawane über den Tafalelet-Pass hinein in die bis dahin unbekannten und geheimnisvollen Felslabyrinthe des Tassili. Auf den Kamelen schleppte man riesige Gerüste, Tische und Zeichenwerkzeug mit. In 18 Monaten wurden Tausende von Bildern in Originalgröße und -farbe kopiert und katalogisiert.

Nach einer Stunde haben wir ein kleines sandiges Plateau erreicht. Hier wachsen dornige Büsche und Bäume. Durch den Sand ziehen Gazellenspuren. Die stark verwitterten und erodierten Sandsteinwände ragen hier senkrecht in den wolkenlosen Himmel und spenden noch immer Schatten, obwohl wir schon eine Stunde gestiegen sind. Der fröhliche Ruf unseres Eseltreibers Moussa hallt im Echo durch den immer enger werdenden Canyon. Es ist ein unvergesslicher Morgen und ein bezaubernder Weg. Wir haben neben Moussa noch einen Tuaregführer bei uns, der seinen Wanderstab hinter dem Kopf über beide Schultern gelegt hat und seine Hände daran „aufzuhängen“ scheint. Er ist wortkarg und spricht nicht viel, obwohl wir uns seit Jahren kennen. Seine Name ist Hassan, und ich glaube, er ist auf einem Auge blind.

Wir tragen nur leichtes Gepäck, unsere Kameras und eine Wasserflasche. „Hoh, Hoh, Hoh“, klingt es weit entfernt in den kühlen Morgen. Die Esel mit den Kanistern sind mal vor uns, dann wieder weit hinten. Sie gehen oft andere Pfade, wir nehmen steile Abkürzungen. Wir ahnen sie nur irgendwo in dieser großartigen Welt aus Sand und Schatten, aus Sonne und Himmel.

Das letzte Stück hinauf zum Pass führt über ein steiles und unangenehmes Geröllfeld. Schon Henri Lhote schildert in seinem Expeditionsbericht, dass ihm hier seine Kamele einfach zusammengebrochen sind. Sie mussten über dieses steile Geröll gezerrt und geschoben werden, es war eine große Schinderei für Mensch und Tier. Schließlich sind wir oben, trinken Wasser aus den Feldflaschen und rüsten zum heißen Marsch über das völlig schattenlose Plateau, das sich bis zum Horizont erstreckt. Nach langer Zeit tauchen vor uns Türme und Zinnen auf. Mauern und Burgen aus grauem Fels, die rissiger Elefantenhaut gleichen. Eine richtige Stadt mit Mauern und Toren inmitten dieser grauenvollen Ebene. Am Fuß der Felsen finden wir Höhlen und schattige Überdächer. Unsere kleine Karawane mit allem Gepäck liegt bereits im Schatten. Wir sind in der Bilderstadt Tamrit.

Am Nachmittag, die Temperaturen sind jetzt wieder erträglich, besuche ich den über 80 Jahre alten Tuareg Jebrine, der hier seinen Unterstand, ein Schattendach vor einer Felswand, errichtet hat. Darin sind ein Hirsetopf, eine Teekanne mit Gläsern, einige Schüsseln und ein Sack mit allerlei Kleinigkeiten. Die Gerba mit immer kühlem Wasser hängt vor dem „Haus“. Jebrine war der Tassiliführer von Henri Lhote während beider Expeditionen. Noch heute erzählt er gerne von seiner großen Zeit, er zehrt davon. Jetzt kauert der alte Tuareg wie ein Denkmal vor der Behausung aus Lumpen, schwarz gekleidet und immer noch würdevoll und stolz, selbst ein Stück Tassiligeschichte. Ich komme um die Felsen, er sieht mich, lacht und winkt mich gastfreundlich an sein kleines Feuer. Er kocht mir Tee und zeigt eine gut verheilte Kopfverletzung, die wir ihm vor drei Jahren behandelt haben. Ich bin über diesen alten Mann erstaunt. Damals war ich vielleicht eine Stunde mit dem Arzt Christian Lassen bei Jebrine im Zelt. Aus Dankbarkeit für die Behandlung schenkte er dem Doktor eine herrliche Gerba und mir einen zünftigen Hirsetopf aus seinem bescheidenen Wüstenhaushalt. Jetzt, nach drei Jahren, erkennt mich der Alte sofort und nimmt es als selbstverständlich an, dass ich „mal wieder“ vorbeischaue. Jebrine reicht mir süßen Beduinentee. Die Kopfverletzung von damals ist bestens verheilt, aber ein Bein schmerzt heute. So findet er es ganz normal, dass ich wieder einen Arzt dabei habe. Ich verspreche Jebrine, den Doktor am Abend zur Visite zu schicken.

Unsere kleine Truppe ist jetzt ausgeruht und marschfertig für einen ersten Rundgang durch Tamrit. Hassan zählt sorgfältig seine Schützlinge und geht voraus durch kleine sandige Alleen, durch das unbeschreibliche Wirrwarr von Felsen und Türmen, an winzigen Oasen vorbei, wo sich Wasserlöcher halten und daneben Oleander blühlt. Tamrit ist keine tote Wüste. Raben ziehen durch die Luft, Schwalben zwitschern um das kleine Guelta, und im Sand finden wir viele Spuren von Vögeln, Käfern und Echsen.

Schon nach kurzer Wanderung erreichen wir ein weites sandiges Tal, in dem mächtige alte Bäume stehen. Ein Dutzend Zypressen, von Botanikern auf ein Alter von 5.000 Jahren geschätzt, erinnern hier an die grüne Vorzeit. Die Stämme sind dick und knorrig, fast versteinert sehen sie aus. Aber die

In Tan Zoumaitak befindet sich diese 78 Zentimeter hohe Gestalt, die zwei sackähnliche Gebilde an den Handgelenken befestigt hat. Vermutlich handelt es sich um eine Frau mit Körperbemalung. Rundkopfperiode.

Bäume leben, sie sind erfrischend grün. An vielen Stellen sind die Bäume beschädigt. Immer wieder schlagen sich die Nomaden Brennholz aus diesen Zypressen, obwohl sie als die vielleicht ältesten Bäume der Welt längst unter Naturschutz stehen.

Eine Wanderung im Tassili ist eine Wanderung in die Vergangenheit der Wüste. So stehen wir schon bald nach dem Zypressental vor der berühmten Bilderhöhle von Tan Zoumaitak. Da sind auffällig große Mähnen-

Die 26 Zentimeter große Zeichnung eines lanzenschwingenden Mannes auf einem Pferd in In Etuami aus der späten Rinderzeit ist mit Tifinarzeichen verbunden. Dagegen stammt die geschmückte Frau aus Séfar, die in ihren Händen einen rituellen Gegenstand hält, der aus der Rundkopfperiode stammt und 90 Zentimeter groß ist. Der Schwimmer und der Bogenschütze von Tin Tazarift auf der gegenüberliegenden Seite sind als Gesamtbild 580 Zentimeter groß und stammen aus der Rundkopfperiode.

Elefant – etwa ein Quadratmeter groß – aus der Jägerzeit im Wadi Mathendous.

schafe abgebildet, ägyptisch anmutende Frauen, am ganzen Körper bemalt, wie wir es heute noch in Schwarzafrika finden. Die Höhle, deren Bilder alle im Schatten liegen, macht den Eindruck einer frühen Kultstätte.

„Neolithikum, Rinderzeit", meldet sich Alfonso. Nur teilweise, gerade hier, sind viele Epochen übereinander gemalt, und es ist schwer zu unterscheiden, wo die Schafe und wo die Menschen und all die anderen kleinen Zeichnungen hingehören. Schon Henri Lhote hat die Tassilizeichnungen unmittelbar nach der Entdeckung in Stilepochen, eingeordnet. Sein Schema wurde durch spätere Forschungen und Analysen gefestigt.

Grundsätzlich unterscheiden wir fünf Stilepochen: Die ältesten Bilder stammen aus der Zeit 8.000 - 10.000 Jahren vor unserer Zeitrechnung und sind also 10.000 - 12.000 Jahre alt. Diese Bilder zeigen eingravierte Wildtiere. Es war die Zeit der Jäger und Sammler, die Bubalus-Periode. Danach folgte die Rundkopf-Epoche (7.000 - 5.000 v. Chr.). Aus dieser Zeit stammen großflächige Menschendarstellungen mit überdimensionalen Köpfen, die oft mit Austronauten verglichen wurden. Es gibt keinen Hals, die Köpfe sind unmittelbar auf dem Körper und erinnern tatsächlich an Weltraumhelme. Die „Astronauten" und „Götter" der Rundkopf-Periode sind bis zu 5 Meter groß. Anschließend folgte der bilderreichste Abschnitt, die Rinderzeit (5.000 - 2.000 v. Chr.). Rinderherden und die dazu gehörenden Hirten sind naturalistisch oder nur stilisiert in allen denkbaren Varianten und Farben gemalt. Die schönste Herde sah ich in Jabbaren, nur einen Tagesmarsch von Djanet entfernt. Die Rinder sind zwischen 10 und 30 Zentimeter groß und manchmal vermutlich mit sehr dünnflüssigen Farben nur als Umriss gezeichnet, dann aber wieder mehrfarbig in allen Details wiedergegeben. Der Rinderzeit folgt die Pferdezeit (1.500 v. Chr. - 0). In den Zeichnungen tauchen zweirädrige Wagen auf, die mehrfach bespannt sind und verblüffend an römische und griechische Streitwagen aus den Zeiten Ben Hurs erinnern. Die Pferde sind fast immer in fliegendem Galopp dargestellt, und Ziegelrot ist die dominierende Farbe. Die letzte Epoche, die bis in unsere Zeitrechnung hineinreicht, ist die des Kamels. Neben Kameldarstellungen finden wir abstrakte Figuren und Zeichen aus der Tuareg-Schrift.Wer hat uns dieses großartige Bildermuseum hinterlassen? Die Bubalus-Gravuren stammen vermutlich von schwarzen Jägern, ebenso haben schwarze Menschen aus dem Süden wahrscheinlich die Rundkopfzeichnungen hinterlassen. Erst bei den Rinderbildern taucht ein breitgefächertes Völkergemisch auf. Da sind äthiopische Gesichter neben hellhäutigen Menschen. Wir sehen zum Beispiel genau, wie Kälber angebunden wurden, und finden heute noch die gleiche Technik bei den rinderzüchtenden Nomaden im Sudan, 1.000 Kilometer südlich der Tassilibilder. Aber das alles sind Vermutungen, ganz sicher dagegen ist der Prähistoriker erst in der Pferdezeit. Hier gibt es nun auch die ersten schriftlichen Aufzeichnungen: Herodot hat schon 500 v. Chr. von den Garamanten berichtet, die damals mit Pferdegespannen, richtigen Kampfwagen, durch den heutigen Fezzan zogen. Sind Sie die Vorfahren der Tuareg? Und die Tuareg haben uns schließlich auch die Kamele in die Felsen gemalt.Warum haben diese Menschen der Vorzeit gemalt? Diese Frage beantwortet Rudolph Kuper folgendermaßen: „Die vorgeschichtlichen Bildwerke der Sahara können sicher nicht mit den Kunst-Begriffen unserer Zeit erfasst werden. Dass sie keinesfalls dazu angelegt waren, bestimmte Grotten zu schmücken, zeigen schon die vielen Übermalungen dort, wo noch genügend freier Raum zur Verfügung gestanden hätte. Von Bedeutung war zum Teil wohl der Akt des Malens selbst, dem offensichtlich magisch-religiöse Vorstellungen zugrunde lagen. Das dürfte besonders bei den älteren Wildtierbildern der Fall sein: Der Jäger versucht, das Tier, von dessen Erbeutung seine Existenz abhängt, indem er es auf die Felsen bannt, bereits magisch in seine Gewalt zu bekommen. Während uns in der Rundkopf-Periode sogar in eindrucksvoller Größe gemalte göttliche Wesen unmittelbar gegenüberstehen, scheint später die Freude an der Darstellung bestimmter Ereignisse oder der Stolz eines Herdenbesitzers durchaus eine Rolle gespielt zu haben. Doch lassen auch in der Rinderzeit zahlreiche und schwer verständliche Figuren und Symbole erkennen, dass der Mensch sein tägliches Leben im großen Zusammenhang von Kosmos und Umwelt sah, deren Bedrohungen er in besonderer Weise ausgeliefert war.“ Wir finden in Tamrit noch weitere Bilder, im Oberen Tamrit besonders schöne Antilopen. Jetzt sind die Schatten lang, Sonnenlicht leuchtet nur noch von den Felsspitzen, und schnell fällt die Nacht über Tamrit ein. Mit Hassan und Moussa, der in Holzglut unter dem Sand Brot gebacken hat, hocken wir alle um das Feuer, zusammen elf Männer. Alfonso hat mit Peter trotz permanenter Meinungsverschiedenheiten über Salz- und Nudelmengen sehr gut gekocht. Gespenstisch flackert das Feuer und wirft seltsame Lichter und Schatten an die Felsen, erweckt die toten Steine zu nächtlichem Leben, zu wilden Tänzen rings um unser Lager.

„Ihr sprecht dauernd von einem Neolithikum, darf man mal fragen, was das eigentlich ist?“, bricht Peter das Schweigen. Alfonso weiß die Antwort, er hat an verschiedenen archäologischen Expeditionen im Sinai und Negev teilgenommen und ist dabei fast zum Wissenschaftler geworden.

„Neolithikum, das ist die Jungsteinzeit, hier im Tassili die Rinderzeit!“ Was Alfonso sagt, ist richtig, aber das Neolithikum ist eigentlich weit mehr als nur ein Zeitbegriff. Es ist mit einer ersten großen Kulturrevolution vergleichbar. Der Königsberger Philosoph Emanuel Kant war kein Archäologe und kannte das Wort Neolithikum wahrscheinlich gar nicht. Trotzdem hat er eine sehr treffende Erklärung für diesen Zeitbegriff abgegeben.

„Es ist ein großer Sprung, der den Menschen vom wilden Jägerleben und unsteten Wurzelgraben oder Fruchtsammeln plötzlich in den Besitz gezähmter Tiere und Gewächse setzt, die er selber zu seiner Nahrung vervielfältigen konnte.“ Da ist tatsächlich eine bedeutende Revolution geschehen: Der Mensch lebt zunächst vom Zufall (Bubalus- und Rundkopfzeit), sammelt Wurzeln und Wildfrüchte und erlegt ab und zu ein Tier. Das alles erscheint ihm plötzlich unsicher und vielleicht auch unbequem. Er beginnt systematisch nach einer logischen Ordnung zu

Gravierter Wasserbüffel – etwa 100 Zentimeter lang – ebenfalls aus dem Wadi Mathendous.

leben. Er züchtet Rinderherden, pflanzt, betreibt Ackerbau und produziert jetzt seine Nahrung selbst. Dadurch wird der Mensch unabhängig. Wird er auch freier? Jetzt hat er Besitz und damit Verantwortung. Er muß den Besitz verteidigen, gegen wilde Tiere, gegen menschliche Feinde und gegen Unwetter. Das alles zwingt ihn, plötzlich nach festgelegten Regeln zu arbeiten. Diese wichtige Epoche, das Neolithikum, führte schließlich zu unseren heutigen Wirtschaftssystemen.

„Hoh, Hoh, Hoh“, ruft Moussa wieder und treibt seine Esel durch den Säulenwald von Itinen. Immer wieder halten wir, staunen über die Wüste um uns und über die eigenar-

Die vielfarbigen Rinder aus der Rinderzeit in Jabbaren bedecken eine Fläche von 305 x 115 Zentimeter. Das Bild auf der rechten Seite zeigt einen Kriegswagen in Tin Abu Teka aus der Periode der Wagen im fliegenden Galopp und ist 95 x 75 Zentimeter groß.

tigen Bilder der Vergangenheit. Gegen Mittag suchen wir Schatten und einen Lagerplatz in Séfar. Diese Sandsteinstadt beherbergt eine der größten Bildsammlungen im Tassili. Da sind der „Große Gott von Séfar", ein ganzer Zug maskierter Männer und Frauen, seltsame Masken, die an Schwarzafrika erinnern, Rindergruppen, Jäger und Hirten und vieles, vieles mehr. Eine Rinderherde ist mit Lasttieren und Begleitern unterwegs. Da trägt ein Rind zwei Menschen auf dem Rücken und zwischen den Hörnern noch ein Gefäß und einen Pflock, an dem Rinder angebunden wurden. Den ganzen Nachmittag wandern wir an den Bildgalerien entlang, die Straßen und Plätze sind ausgestorben, leer. Wo sind die Menschen, die hier so viele Bilder zurückgelassen haben? Nur hundert Meter von uns entfernt campieren einige Franzosen. Bei ihnen gibt es plötzlich große Aufregung, denn ihr „Moussa" hat im Lager eine Schlange gefangen und getötet. Da fährt einem doch ein gewisser Schreck in die Glieder. In Tin-Tazarift befindet sich die Höhle mit den berühmten „Schwimmern", ein sechs Meter breites Fresko, das seltsam schwebende Menschen zeigt. Ihnen kommt ein Bogenschütze entgegen. Und alle haben eigenartige „Antennen" an ihren Köpfen. Kein anderes Bild im Tassili beeindruckt mich so wie dieses. Natürlich muss der Wissenschaftler herausfinden, wer hier wann und warum gemalt hat. Aber ist das alles so sehr wichtig? Ist es nicht gerade reizvoll, noch einige Geheimnisse auf Erden zu haben? Wäre unser Globus nicht um echte Attraktionen ärmer, wenn wir im Himalaya den Yeti finden und hier im Tassili einen Astronauten? Die Menschen vor mir in der Wand haben ungewöhnlich große Köpfe ohne Hals - und „Antennen"! Mir kommt ein Kommentar von Erich von Däniken in den Sinn: „Großzügig, wie wir die Dinge betrachten wollen, sind wir bereit, auch noch zu unterstellen, dass die Primitiven ungeschickt waren und so die Figuren im Tassili in dieser verunglückten Art konterfeiten - mit zu groß geratenen Köpfen. Warum aber konnten dieselben primitiven Höhlenbewohner in Perfektion Rinder und normale Wesen abbilden? Darum erscheint es uns glaubwürdiger, anzunehmen, daß die Künstler des Tassili durchaus fähig waren, das darzustellen, was sie tatsächlich sahen: Astronauten - in ihren Augen Götter!"

Wurden an diesem Ort Götter verehrt? Der „Große Gott von Séfar" (das Gesamtbild ist 630 x 360 Zentimeter groß) aus der Verfallszeit der Rundkopfperiode gehört zu den eindrucksvollsten Bildern im Tassili. Der Große Gott allein misst 250 cm.

„Bis zum Alter von sechs Jahren lief ich nackt durchs Leben. Im Air schwanken die Temperaturen zwischen minus 5 und plus 25 Grad im Januar und zwischen 35 und 48 Grad im Juni. Sommers wie winters müssen die Kinder diese beißende Kälte, und die stechende Hitze ertragen. Sie dürfen sich nicht beklagen. Das ist verboten." Mano Dayak, Tuareg

AIR Heimat der Tuareg

Tuareglager im Air. Die gesamte Habe dieser Nomaden, ein Schattendach, wenige Matten und Decken, ein paar Töpfe, Kalebassen und Gerbas, lassen sich in kürzester Zeit zu einem anderen Ort transportieren. So sind sie flexibel und können mit ihren Tieren umherziehen. Je geringer der materielle Besitz, desto größer ist die mobile Freiheit dieser Menschen.

Die Sanddünen von Temet im Norden des Air gehören zu den höchsten und schönsten der gesamten Sahara. In den Temetwadis spenden nur wenige Akazien einen spärlichen Schatten.

Im Air wechseln Sand und Felsen ständig. Die Wüste breitet sich aus, Bäume vertrocknen und dienen den Nomaden als wertvolles Feuerholz.

Weißer und blauer Marmor prägen die entlegene Wüstenlandschaft des Air. Das ewige Sandstrahlgebläse des Windes hat die Steine abgeschliffen und mit Glanz versehen.

Im Anschluss an die Salzernte in den Salinen von Fachi wird der Salzbrei in eine Form aus Palmholz gepresst und zum Trocknen in der Sonne „umgestülpt". So entstehen 25 Kilogramm schwere Salzkantus, Viehsalz für die Märkte im Sudan.

NIGER

KARAWANENHANDEL Die Tarhalamt

Eine Tarhalamt - hier mit etwa 250 Kamelen - auf dem Weg nach Bilma. Die Karawanensaison dauert von Oktober bis März. 700 Karawanen mit über 20.000 Kamelen sind dann in der Ténéré unterwegs.

In den eiskalten Nächten hüllen sich die Karawanentreiber in ihre Wolldecken. Das morgendliche Beladen der Karawane ist eine fast zweistündige Tortour. Neben dem Kamelfutter muss auch Brennholz transportiert werden.

Moussa, unser Führer in der Ténéré.
Das gegenüberliegende Bild zeigt
Salz-Kantus, die in Fachi auf den
Abtransport durch die Karawane warten.

„Die Karawane ist ein Symbol, ein Zeichen unserer Werte: Sie ist die Herausforderung, mit der jeder mutige Mann seiner feindlichen Umwelt entgegentritt.“ Mano Dayak, Tuareg

Wo sich die Koordinaten 10°5’ östliche Länge und 17°45’ nördliche Breite inmitten der Wüste treffen, steht, nein stand der einsamste und berühmteste Baum der Welt: Der für die gesamte Sahara legendäre Arbre du Ténéré. Die etwa drei Meter hohe Akazie spendete immerhin ein wenig Schatten, den einzigen Schatten im Umkreis von Hunderten von Kilometern.

Zugleich ist der Arbre du Ténéré ein trigonometrischer Punkt und deshalb in fast allen Saharakarten eingezeichnet. Da wird erzählt, ein libyscher Lastwagen habe den Baum einfach umgefahren, andere berichten, dass Wüstenbarbaren sein Holz in eisiger Nacht verfeuerten. Heute steht dort ein hässlicher Eisenbaum mit leblosen Ästen voller Spiegel, die dem Wüstenwanderer diesen oft so lebenswichtigen Platz auf große Distanzen weisen sollen und im Dezember 1998 haben Japaner gleich daneben ein umstrittenes „Kunstwerk“ aufgestellt.

Der Tuareg Achmed Tscholi ist 45 Jahre alt und liebt seine Wüste so, wie viele Tuareg ihre Heimat lieben. Am Abend, wenn wir unser Lager richten und hungrig zum Küchenwagen schauen, geht Achmed weit in die Wüste hinein, alleine, langsam, stolz. Manchmal steht er auch lange auf einem Dünenkamm - er setzt sich nie, nein, er bleibt einfach stumm stehen und blickt bewegungslos in die endlose Sahara.

Mit elf Jahren begleitete Achmed seine erste Karawane, die Tarhalamt. So heißt die Salzkarawane im Niger. In Mali nennt man diese Karawane Azelay. Nach der Regenzeit nehmen viele Nomaden aus dem Air an den großen Karawanen teil, die durch die riesige Ténéré zu den Salinen von Bilma und Fachi ziehen. Bilma und Fachi sind die bedeutendsten Salzsalinen der mittleren Sahara. In Bilma werden pro Jahr etwa 2.500 Tonnen Salz geerntet, in Fachi etwa 1.000 Tonnen. Die Karawanensaison dauert von Oktober bis März. Da ziehen 500 Karawanen mit 16.000 Kamelen nach Bilma und 200 Karawanen mit 7.000 Kamelen nach Fachi, um Salz und Datteln zu kaufen und auf den Märkten im Sudan zu verkaufen. Nach großen Dürreperioden sind weniger oder gar keine Karawanen unterwegs, weil die Kamele für die extrem harte Reise zu schwach sind. Sechs bis sieben Monate lang ist eine Karawane unterwegs. Dass Kamele während der Reise an Erschöpfung sterben, gehört zum Alltag. Unzählige ausgeblichene Gerippe und mumifizierte Kadaver säumen die Routen.

Neun Jahre lang ist Achmed regelmäßig mit der Karawane gezogen. Zwei Jahre war er Karawanenführer - Amrar. Jetzt begleitet er uns Touristen von Agadez nach Bilma. Das sind über 600 Kilometer Ténéré mit nur zwei Brunnen. Der Arbre ist der erste, den zweiten werden

Die Karawane ist abmarschbereit. Die Kamele tragen Maulkörbe, damit sie unterwegs nicht an das Futter gelangen können, das die vor ihnen laufenden Tiere auf dem Rücken tragen.

Nachtlager der Karawanenleute zwischen windschützenden Futterballen.

wir in Fachi finden. Unser Ziel ist nicht nur Bilma, sondern vielmehr die Karawane dorthin. Eine große Tarhalamt mit etwa 250 Kamelen ist vor wenigen Tagen in Gada, unweit von Agadez, aufgebrochen. Wir folgen ihren Spuren. „Am Arbre du Ténéré werden wir die Karawane einholen", sagt Achmed selbstsicher.

Unsere Piste führt durch grauen Staub, vorbei an lächerlichem Gestrüpp. Das Gelände ist unübersichtlich und starker Nordwind treibt den feinen Wüstensand hoch in den Himmel. Plötzlich verlässt Achmed jene Spur, der wir folgen und lässt unsere Autos nach Süden abbiegen. Wir halten und Achmed bittet um mein Fernglas. Wonach sucht dieser Mann? Wir fahren weiter, fort von unserer Piste, hinein in einen immer stärker werdenden Sandsturm. Und dann sehen wir sie, zuerst nur schemenhaft am Horizont, im Flimmern der Wüstenluft kaum als Karawane erkennbar. Etwa 80 Kamele schaukeln auf uns zu, schwer beladen mit Salzstöcken. Jetzt haben uns die Karawanenleute auch gesehen, nur drei Männer und zwei Kinder sind es. Oft begleiten Kinder die Karawanen. Die Männer lassen Frauen und Kinder monatelang alleine zurück. Wenn dann die Buben acht oder neun Jahre alt sind, dürfen sie die Karawane ihrer Väter begleiten, quasi als Lehrburschen. Zwei Männer lösen sich von ihrem Tross, laufen auf unsere Autos zu und schwenken Kanister. Ihre Mäntel und Umhänge schlackern wild im Wind, fast silhouettenhaft schwarz erscheinen sie im Grau des Staubsturmes. Aber sie lachen und erreichen uns. Achmed gibt den Männern Wasser und schimpft nicht wenig. Die Karawane hat den zweiten Brunnen am Abre verpasst, ist südlich an ihm vorbeigezogen.

„Der Amra ist nicht gut, er ist zu jung und hat seine Männer in große Gefahr gebracht". „Und woher hast du das gewusst? Wir sind im richtigen Augenblick von der Piste abgefahren!" Achmed zupft an seinem Tagelmoust und winkt ab. Er bleibt mir die Antwort schuldig. Die großen Karawanen, die noch vor hundert Jahren vom Mittelmeer zum Sudan zogen und umgekehrt, sind verschwunden. Straßen und Pisten für den Autoverkehr sind auch in der Sahara entstanden. Weit entfernt von diesen festen Straßen führen aber immer noch die traditionellen Karawanenrouten von Brunnen zu Brunnen, von Weideplatz zu Weideplatz - und von den Salinen zu den Salzmärkten. Seit Jahrhunderten wird die Sahara von Nomaden und Kaufleuten bewohnt. Nomaden sind aber allen Regierungen dieser Welt immer und überall ein Dorn im Auge. Deshalb wollen sie diese Menschen mit aller Gewalt sesshaft machen. Dagegen sagt der deutsche Saharaforscher Peter Fuchs, dass gerade Nomadentum die ökonomisch und ökologisch sinnvollste Art und Weise ist, um die riesigen Räume der größten Wüste für den Menschen nutzbar zu machen. Die Salzkarawanen, so Fuchs, stellen ein System dar, in dem das Wissen und die Erfahrung vieler Generationen gespeichert sind, und die technischen und ökologischen Möglichkeiten optimal mit den Bedürfnissen der menschlichen Gesellschaft verbunden werden. Ein typisches Beispiel dafür ist die Dürrekatastrophe von1972/74 in der Sahelzone. In der Vergangenheit konnten solche Krisen von den mobilen Nomaden aus eigener Kraft gemeistert werden. Durch Entwicklungsprogramme zur „Sesshaftmachung von Nomaden" wurde die Mobilität der betreffenden Völker so weit eingeschränkt, dass viele Menschen nicht mehr in der Lage waren, den Dürrezonen auszuweichen. Die Dürreperiode wurde zur Dürrekatastrophe.

Achmed Tscholi ist ein Mann, der diese Tradition aufrecht erhält und erzählt: „Eine

Salzkarawane ist täglich 15-16 Stunden ohne Unterbrechnung unterwegs, dabei werden 50-60 Kilometer zurückgelegt. Ein Kamel trägt etwa 150 Kilogramm Last: Futter und Hirse zum Tausch gegen Salz in der Saline. Nachts bleiben täglich nur 4-5 Stunden Schlaf, denn die Kamele müssen ent- und neu beladen werden. Die Herbstkarawanen zwischen Agadez und Bilma waren sicher die größten in der Geschichte der Sahara. 1913 brachen in Agadez 26.000 Kamele in einer einzigen Karawane auf. Die Karawane, die wir heute noch erreichen werden, hat knapp 260 Tiere. Das ist in dieser Zeit eine große Karawane."

Der Wind hat sich ausgetobt, der Himmel strahlt wieder tiefblau über uns. Seddik, unser Expeditionsleiter, zeigt nach Osten: „Seht ihr den Arbre!" Da taucht er auf, der einsame Eisenbaum und gleich daneben ein seltsames Gebilde, wohl das japanische „Kunstwerk". Moussa, der Tuareg am Steuer, fährt direkt auf den Arbre du Ténéré zu und bald schon erkennen wir eine dunkle Linie im Sand; da scheinen sich Menschen und Tiere zu bewegen. Erst wenige hundert Meter vor dem Ziel sind wir sicher, dort lagert „unsere" Karawane mit weit über 200 Kamelen. Achmed hat Recht gehabt, genau hier treffen wir die Tarhalamt. Normalerweise zieht die Karawane bis tief in die Dunkelheit und rastet erst gegen Mitternacht. Aber hier am Brunnen mussten die Kamele getränkt werden, so dass wir ein großes Karawanenlager im schönsten Fotolicht vor Sonnenuntergang erleben. Achmeds Timing war perfekt! Natürlich sind wir neugierig, schauen mit unseren Objektiven in ihre Teekannen und Kochtöpfe und Nachtlager. Die Männer haben einen harten Tag hinter sich, aber ihr abendliches Lager bedeutet nicht etwa Ruhe und Müßiggang. Da wird an Holzfeuern das Abendessen und auch gleich das Frühstück und der Proviant für den nächsten Tag bereitet. Hirse wird in Holzmörsern gestampft, zu Brei gekocht und dann mit flüssiger Butter übergossen. Dieses typische Karawanengericht wird gelegentlich auch mit Käse und Datteln angereichert. Stricke und Sättel werden repariert und Lasten neu geordnet, Kamele bekommen ihre Heuration, werden angebunden und für die Nacht versorgt. Die Lasten, Hirsesäcke und gepressten Strohballen dienen als Windschutz für das Lager. Lederne Wassersäcke, Gerbas, hängen an hölzernen Dreibeinen. Überall herrscht fröhliche Geschäftigkeit. Bei Sonnenuntergang ziehen sich die Tuareg ihre Wolldecken um die Schultern und hocken schwatzend und Tee trinkend an den rauchenden Feuern zwischen den wiederkäuenden Kamelen, die vor Kälte brüllen und grunzen und sich gegenseitig stoßen und rempeln. Sehr schnell fällt die Temperatur fast auf den Nullpunkt und wir ziehen uns ans eigene Feuer zurück. Auch wir haben noch zu tun. Renate breitet die Schlafmatten aus, während ich meine Kameras und Objektive von Sand und Staub befreie. Als Windschutz dienen uns am Kopfende zwei Fotokoffer und zwei Seesäcke. Dann kriechen

Stricke für die Lastenbefestigung werden im Karawanenlager geflochten und repariert.

wir in die warmen Schlafsäcke und warten auf Sternschnuppen, die wie Raketen über den schwarzen Himmel sausen. Nirgendwo sonst leuchtet der Sternenhimmel so hell und gewaltig wie in einer mondlosen Nacht mitten in der Sahara. Das hört sich nach Romantik an - ist es sicher auch für uns Touristen. Ich denke aber auch an ein Tuareglied, in dem es heißt:

„Die Kälte peinigt uns
wir haben kein Holz,
wir haben nichts zu essen,
unsere Kleider sind zerrissen,
wir sind in der Ténéré,
wir sind müde,
wir haben viel gelitten."

Unzählige bleiche Kamelkadaver und Skelette weisen in der Ténéré den Weg nach Bilma.

Die Salzkarawane hat den Brunnen am Arbre du Ténéré auf dem Rückweg nach Agadez verpasst und ist froh, dass wir mit Wasser helfen können.

Rast am Abre du Ténéré, rechts der „neue Eisenbaum" mit seinen Ästen voller Spiegel.

Im Karawanenlager kehrt keine Ruhe ein. Da schnaubt ein Kamel, ein anderes ruft. Das Licht von Taschenlampen zuckt hin und her. Das Thermometer hat die Nullgrenze erreicht und fällt gegen Morgen sogar darunter. Bei Sonnenaufgang schälen wir uns aus den Schlafsäcken. Der Sand ist eiskalt, die Luft frisch und klar. Noch ist es vollkommen windstill. Die Tuareg, unsere und die der Karawane, sind schon lange auf den Beinen. Es gibt härteste Arbeit, die mit klammen Fingern verrichtet werden muss. Ein Tuareg drückt seinem Dromedar kräftig auf die Unter- und Oberlippe, um das Maul des unwilligen Tieres zu öffnen. Jetzt kann er den Maulstrick anlegen und mit dem Beladen beginnen. Besonders unerfahrenen Tiere sperren sich gegen eine solche Behandlung, versuchen zu beißen und werfen die Köpfe so ruckartig herum, dass sie sich dabei die Backen an den Stricken blutig reißen. Zum Beladen der noch liegenden Tiere sind zwei kräftige Männer nötig. Oft muss ein Dritter den Kamelkopf an kurzer Leine halten. Die Ladung muß geschoben und gerückt und wieder verändert werden, ehe sie mit Stricken festgezurrt wird. Dann löst ein Mann den Fußstrick und zieht das Tier auf die Beine. Fast zwei Stunden dauert die Prozedur, dann steht die Karawane in einzelnen Gruppen und der Amra gibt den Marschbefehl.

Erst anschließend frühstücken wir und folgen dann wieder den Spuren der Salzkarawane, die wir an diesem Tag bis zum Abend begleiten wollen.

Die Ténéré, auch „Das Land dort draußen" genannt, ist eine weite, leicht gewellte Sandfläche, die streckenweise durch parallellaufende nicht sehr hohe Dünenzüge gegliedert wird. Der Karawanenweg führt meistens in einem Dünental entlang. Manchmal wird das Tal auch gewechselt, dann müssen die Dünen an geeigneten Pässen überquert werden. Gegen Mittag verschwinden die Schatten unter den Leibern der Kamele, die Sonne hat ihren Zenit erreicht. Schweigend sitzen einige Männer im Sattel, andere laufen neben der Karawane, die unglaublich ruhig und gleichmäßig und doch schnell durch das Sandmeer zieht. Eine Pause gibt es nicht. Jeder Stop würde die Tiere nur durcheinanderbringen und Zeit und Kraft kosten.

Anders ist es bei uns in den Autos. Moussa ist kein Karawanenführer, aber ein erfahrener Tuareg, der wissbegierig Deutsch lernt und erzählt: „Mitte der achtziger Jahre wollte die Regierung unsere Karawanen durch Lastwagen ersetzen. Aber das wurde zu teuer. Ein LKW verbraucht hier 150 Liter Treibstoff pro 100 Kilometer. Das sind 2.000 Liter für den Weg von Agadez bis Bilma und zurück. Dazu kommen kostspielige Ersatzteile und Reparaturen. Die Rechnung geht nicht auf, die Karawane ist billiger und zuverlässiger und entspricht einfach unserer Tradition. Kennt ihr den Unterschied zwischen Lastwagen und Kamelen? Natürlich nicht. Wenn du Lastwagen stehen lässt, rosten sie. Kamele aber vermehren sich. Unsere Regierung hat Lastwagen subventioniert um die Karawanen zum Stillstand zu bringen!"

Am nächsten Tag erreichen wir gegen Mittag die Oase Fachi, das ist der zweite Brunnen auf dem Weg nach Bilma. Hier leben etwa 1.500 Menschen, dunkelhäutige Kanuri, deren Vorfahren vor vielen hundert Jahren vom Tschadsee hierhergekommen sind. Kann ein Ort in der Welt abgeschnittener liegen als Fachi mitten in der weiten Ténéré? Und dennoch lebt Fachi autark. Verantwortlich dafür ist zum einen das Grundwasser in geringer Tiefe, womit 45.000 Dattelpalmen bewässert werden und zum anderen das Salz. Als Tauschobjekte für Datteln und Salz bringen die Karawanen Hirse, Fett, Fleisch, Tee und Kleidung mit. Und als Nebenprodukt liefern die 7.000-10.000 durchziehenden Kamele Brennmaterial für die Küchen: Mist, der getrocknet wird.

Außerdem „produziert" Fachi unglaublich viele Kinder, die von ihren Müttern mehr oder weniger alleine erzogen werden, weil die Männer in der Saline arbeiten oder monatelang mit der Karawane unterwegs sind. Für den Besucher werden diese Kinder schnell zur Plage, sie betteln, werfen mit Steinen und benehmen sich agressiv. Dagegen gibt es nur ein Mittel: sich nicht provozieren lassen, zurücklächeln und mit den Kindern rumtoben, Fußball spielen - und schon hat der Fremde auch hier am Ende der Welt gewonnen.

Von Fachi fahren wir nur wenige Stunden bis Bilma. Der Sand der Ténéré ist gelb - so erscheint er aber nur bei Windstille. Als Flugsand wird er weiß wie Mehl und liegt als milchiger Schleier über der Piste und den Dünen, so dass alle Konturen schnell verweht werden. Vor und hinter uns fahrende Autos sehen wir schemenhaft. Der Kamelkot wird verweht und ebenso plötzlich wieder freigelegt. Er sagt uns ebenso wie die verblichenen Kamelskelette, dass wir auf dem richtigen Weg sind.

Das Salz von Bilma ist wertvoller als das Salz von Fachi und auch die Salinen sind hier größer. Zwischen staubigen Erdwällen liegen die Salzgruben. Sie leuchten durch vielfältige Mineralien rot, braun, schwefelgelb oder blendend weiß. Die Salzvorkommen befinden sich dicht unter der Erde. Das Grundwasser ist mit diesem Salz angereichert und tritt in den künstlichen Becken als Sole an die Oberfläche. Das Salz wird vor allem im Sommer aus den Wasserlöchern geerntet. In der heißen Jahreszeit steigen die Temperaturen im Schatten auf 45 Grad und die Luft heizt sich in den windgeschützten Salinengruben bis auf über 70 Grad auf. Diese extreme Hitze begünstigt die Verdunstung und mit ihr auch die Salzgewinnung, in der kühleren Jahreszeit arbeiten Männer und Frauen lieber in ihren Gärten. Das Salz entsteht durch die rasche Verdunstung in den flachen Becken. Zunächst bildet sich auf der Sole eine dünne Salzhaut. Diese wird durch Besprengung mit Wasser einmal oder mehrmals täglich zerstört, weil der Salzfilm eine weitere Verdungstung hemmen würde. Die entstandene Kruste sinkt auf den Grund des Beckens und bildet dort eine teigähnliche Masse, in der die Aushärtung der Kristalle beginnt. Im Verlauf von zwei bis drei Wochen entsteht körniges, schneeweißes Salz aus harten, bis zu einem Zentimeter großen Kristallen. Dieses Salz wird beza genannt und stellt die beste Qualität dar. In Säcken zu 50 Kilogramm gefüllt wird beza als wertvolles Speisesalz verkauft. Die Männer stehen mit weiß verkrusteten Armen und Beinen barfuß in der Brühe und hacken die Kristalle los. Dann schöpfen sie das Salz mit Händen, mit Blechkellen und Kalebassen aus dem Loch

Kanuri-Mädchen aus Fachi, Ihr Vater arbeitet in der Saline und handelt mit Salz.

und lagern es am Beckenrand. Mich selbst haben die Bilder der Salzernte immer wieder an die Sklavenzeit erinnert und tatsächlich wurde diese brutale Arbeit in allen Salinen der Sahara früher von Sklaven oder Strafgefangenen verrichtet.

Wenn das beza-Salz in den Becken liegenbleibt und überflutet wird, bilden sich zunächst bis zu 50 Zentimeter dicke Schichten von kow-Salz und noch später steinhartes kali-Salz. kow- und kali-Salz wird mit Salzerde vom Salinengrund und mit Asche vermischt und als Viehsalz verkauft. Die Blöcke werden zunächst neben den Salinenbecken mit Holzklöppeln zerkleinert, nach Hausrezepten

Salzlager in Fachi. Hier werden jährlich etwa 1.000 Tonnen Salz geerntet, getrocknet und an die Karawanen verkauft. Die Kantus (25 Kilogramm) und Laibe (2,5 Kilogramm) sind Tauschobjekte gegen Hirse, Zucker, Käse, Zwiebeln und Kleidung.

Salz-Kantus werden in Stroh verpackt und auf die Kamele geladen. Anschließend zieht die Tarhalamt in mehrere Kolonnen unterteilt durch die Wüste.

vermischt und durch Wasser zu einem zähen Brei verrührt. So entsteht das kantu-Salz. Die Mischung wird in eine Holzform gepreßt, die sich nach oben verbreitert. Diese Form wird jetzt mit der breiten Seite nach unten auf den Boden gestülpt und nach oben vorsichtig abgezogen, so dass der Barren wie eine Säule stehenbleibt und austrocknen kann. Der kantu-Barren ist etwa 60 Zentimeter hoch und 25 Kilogramm schwer. Kleinere Barren erinnern an Brotlaibe und werden mit Hilfe von Körben, Kalebassen oder Metallschüsseln hergestellt.

Sie heißen fossi und wiegen nur 2,5 Kilogramm. Die erreichte Festigkeit ist für den Kameltransport sehr wichtig, denn zerbrochene kantus oder fossis lassen sich auf den Märkten nur unter Preis verkaufen. Die kantus und fossis der einzelnen Hersteller, oft sind es Familienbetriebe, lagern neben den Salzgärten, bis im Herbst die Karawanen kommen und dann wird nicht nur Salz gegen Hirse getauscht, sondern auch Salz gegen Zucker, Hirse gegen Datteln, Salz gegen Käse, Zwiebeln, Kleidung, Holzlöffel oder gegen ein Transistorradio aus der Stadt.

Bilma ist heiß und staubig, Karawanen lagern vor den Salinen, kommen, handeln und ziehen wieder fort. Die Zeit scheint hier stehengeblieben zu sein - und doch geschieht hier alles durchdacht, mit System, rational. Die Menschen, in vielen Fällen Nachkommen von Sklaven, erscheinen mir sorglos, fröhlich, zufrieden mit ihrem Schicksal. Strom gibt es in Bilma nur zeitweise aus dem Generator. Zeitungen sind hier so fremd wie das Internet. Natürlich ist das alles keine Idylle für romantische Aussteiger. Vielmehr ein Leben voller Gefahren, ein täglicher Kampf um die nackte Existenz. Das Leben der Tuareg, der Karawaniers und auch der Männer und Frauen in den Salinen zeigt uns Besuchern aus der „Zivilisation" nur allzu deutlich: Wenn Menschen lernen zu verzichten, gewinnen sie viel an Freiheit.

Moussa, der Tuareg aus Agadez, hat mich in Buxtehude besucht. Ich habe ihn vom Bahnhof Hamburg abgeholt - und ihn kaum erkannt. Denn er kam mit offenem Gesicht nach Deutschland, in Jeans und Polohemd. Ich zeigte ihm meine schöne Stadt, mein Haus am Waldrand und abends saßen wir neben Gartenlaternen vor dem Grill. Renate rief zum Abendessen und Moussa entschuldigte sich für einen Moment. Er ging in sein Gästezimmer und kam nach wenigen Minuten zurück - ganz Tuareg, mit blauem Gewand, Schleier und weißem Tagoulmoust, der nur einen schmalen Schlitz für seine Augen ließ.

Stolz setzte er sich an den gedeckten Tisch und erzählte, dass er Deutschland spannend findet, dass er das alles erst einmal verarbeiten müsse - und dass er sich doch sehr auf sein Lehmhaus in Agadez freue, auf die Wüste, auf die Karawane. Mit uns tauschen? „Nein, ich bin Tuareg, ich gehöre in die Wüste - ich liebe mein Zuhause!"

Im Jahre 146 v. Chr. zerstörten die Römer Kathargo und gründeten ihre Provincia Africa. Zu den großartigsten Zeugen dieser Epoché gehören die antiken Städte Sabratha und Leptis Magna. Die Mosaiken gehören zu den schönsten der Welt. Das Bild zeigt den Kopf einer Raubkatze im Bodenmosaik des Hauses von Liber Pater in Sabratha. Der rechts abgebildete Bogen des Septimus Severus, der Severische Triumphbogen, in Leptis Magna ist vermutlich im Jahre 203 n. Chr. entstanden.

LIBYEN

RÖMER

Herrschaft zwischen Meer und Wüste

Die auf der gegenüberliegenden Seite abgebildeten Wandelhallen des Severischen Forums in Leptis Magna sind mit „Medusenhäuptern" dekoriert. Ursprünglich hat es hier über 100 solcher Köpfe gegeben. 72 sind bis heute erhalten und zeigen eine große Vielfalt von Gesichtern. Das nebenstehende Bild erlaubt einen Blick aus der Severischen Basilika zum Haupteingang.

Das Bühnenhaus des Theaters von Sabratha gehört zu den am besten erhaltenen der römischen Welt. Es ist 93 Meter breit und 25 Meter hoch und wird von 108 korinthischen Säulen in drei Etagen getragen.

Die Mandaraseen im Erg Ubari führen salzhaltiges Wasser und gehören zu den eindrucksvollsten Saharalandschaften. Die Ufer der größeren Seen waren seit Jahrhunderten bewohnt, wurden aber 1990 entsiedelt. Aus den Dünen ragen mächtige Palmen in den Himmel. Auch heute noch ziehen Tuareg zu den Seen.

MANDARASEEN Weltwunder unter Palmen

In den Dünen von Ubari erleben wir den Tanz der weißen Kamele, tindé genannt, ein Fest zu Ehren eines Hochzeitspaares. Tuareg-Frauen sitzen im Kreis, schlagen die Trommel - oder einen Kanister - und summen eine monotone Melodie. Zum Takt der Trommelschläge reiten ihre Männer immer dichter um die Frauen herum. Das Reiterspiel wiederholt sich ein Dutzendmal und wird bei jedem Rundgang erregender.

Abend im Erg Ubari. Die letzten Strahlen der untergehenden Sonne spielen auf den Dünenkämmen - in wenigen Minuten schon werden sich die dunklen Schatten der Nacht über unser einsames Lager ausbreiten.

Die große Düne hinter dem See Gabroon stellt ein schwieriges Hindernis für Autofahrer dar. Bei erfolgreicher Abfahrt lädt der See zu einem erfrischenden Bad ein. Die gegenüberliegende Seite zeigt den See Um el-Ma in der Morgensonne.

Es gibt im Erg Ubari mehr als ein Dutzend Seen. Sie alle sind nach dem großen Mandarasee benannt. Der Um el-Ma, drei Kilometer vom Mandarasee entfernt, ist der schönste und erinnert an eine Traumwelt inmitten der Wüste. An einem der seltenen windstillen Tage erinnert die makellose Spiegelung an eine Märchenkulisse.

Das libysche Akakus-Gebirge im Osten des Tassili ist leichter zugänglich als das Plateau der Bilder in Algerien und kann mit dem Auto befahren werden. Großartige Felslandschaften beherbergen prähistorische Gravuren, wie die zweier kämpfender Tiere im Wadi Mathendous, die von ihrem deutschen Entdecker Leo Frobenius als Meerkatzen gedeutet wurden. Die Größe der Gravur beträgt etwa einen Quadrameter.

LIBYEN

AKAKUS Bilder einer Ausstellung

Diese Gravuren im Wadi Mathendous weisen auf typische Steppentiere wie Giraffen oder Strauße hin. Im gleichen Wadi befindet sich neben einem normalen Rind ein lebensunfähiges Tier mit zwei Hinterteilen, das auf der gegenüberliegenden Seite abgebildet ist. Haben sich hier die neolithischen Künstler von Missgeburten inspirieren lassen oder handelt es sich um ein Fabeltier? Von Schwanzspitze zu Schwanzspitze misst das Tier 62 Zentimeter.

Ist das ein Waran oder gar ein Krokodil? Auf jeden Fall handelt es sich um ein Tier, das viel Wasser braucht. Sein Junges folgt ihm. Die geschliffene Ritzzeichnung ist 225 Zentimeter lang. Alle Gravuren aus dem Wadi Mathendous werden der frühen Jägerzeit zugeordnet.

Der im Fezzan gelegene schwarze Vulkan Wau en Namus hat einen Umfang von 10 Kilometer. In der Mitte einer gewaltigen Schüssel erhebt sich der eigentliche Vulkankegel, um den sich marineblaue Seen mit weißen Salzrändern gruppieren.

WAU EN NAMUS Der große Krater

Wau en Namus heißt Mückensee. Dieses Naturwunder mit den salzhaltigen Seen in einer schwarzen Aschenlandschaft ist vor etwa 5.000 Jahren entstanden. Dabei ist der Vulkankegel vermutlich in den selbst geschaffenen Hohlraum eingebrochen. Die bis zu 15 Meter tiefen Seen werden aus dem Untergrund mit Wasser gespeist.

TUAREG Eine Tragödie unserer Zeit

Die Tuareg sind weder eine Rasse noch eine Nation, sondern eine aus verschiedenen Stämmen bestehende Nomadengesellschaft mit gemeinsamer Sprache. Wer Tamahak spricht, ist Tuareg.

„Wer in der Wüste überleben will, muss sie verstehen, ihr zuhören. Denn sie wird immer stärker sein als der Mensch.“
Mano Dayak, Tuareg

Die innere Sahara wurde und wird vor allem von Nomaden unterschiedlicher Herkunft, Rasse und Hautfarbe bewohnt. Nomaden leben mit ihren Herden dort, wo sie Wasser und Weideland finden. Außerdem brauchen sie Handel und Märkte. Wenn dazu noch stabile und friedliche Verhältnisse herrschen, dann können diese Nomaden trotz großer sozialer Härten autark und glücklich überleben. Sie alle haben gelernt, mit Hitze, Kälte, Durst, Hunger, Entbehrung und Einsamkeit viel besser umzugehen als wir in den „zivilisierten“ Industrienationen.

Vor einiger Zeit erlebte ich mitten in der Sahara, im Akakus-Gebirge, eine böse Regennacht. Am Morgen zeigte sich der Himmel wieder klar und strahlend blau. Wir trockneten schnell und konnten zufrieden sein. Die Nomaden dachten sicher ganz anders, sie waren glücklich über den starken Schauer und beobachteten den Zug der Wolken sehr genau. Schon einen Tag später spross gelbgrünes Gras wie weicher Flaum aus dem Sand - und die ersten Ziegenherden waren schon mittendrin. Nomaden riechen solche Regengüsse förmlich und richten ihre Wanderungen nach ihnen aus. Dabei wissen sie, dass Ziegen eine andere Weide brauchen als Kamele und Rinder wieder anderes Futter bevorzugen als Schafe. Deshalb leben die einzelnen Familien oft nach Aufgaben getrennt. Frauen und Mädchen hüten Ziegen, die Männen und Jungen an einem anderen Ort Kamele. Weil sie außer den Herden kaum Besitz haben, sind diese Menschen mobil und haben gelernt, nur so viel zu essen und zu trinken, dass sie nicht verhungern und verdursten. Und wenn sie Durst und Hunger spüren, klagen diese Menschen nicht. Durch Klagen entsteht kein zusätzliches Wasser, wächst keine Dattel und die Ziege gibt auch nicht mehr Milch. Die Klage entehrt zunächst einmal den

Der ganze Stolz der Tuareg ist das weiße Kamel, das Mehari.

Klagenden! Handel dient den Nomaden allein zur Vergrößerung ihrer Herden. Große Herden geben den Menschen mehr Sicherheit als Geld, Häuser oder Autos. Weil das so ist, wehren sich alle Nomaden gegen Regierungspläne und „Entwicklungsprojekte", die das Sesshaftmachen der Wüstenbewohner zum Ziel haben.

Die bekanntesten Nomaden der Sahara sind die Tuareg. Über kein anderes Volk der Wüste wurde soviel berichtet und geschrieben; Richtiges und Falsches, Legendäres und Tatsächliches. Man nennt sie die „blauen Männer mit Schleier und Schwert", „Ritter der Sahara" oder „Räuber und Wegelagerer".

Auf meinen ersten Saharareisen war ich alleine oder mit Weißen unterwegs und konnte mein Wissen über die Tuareg nur aus Büchern von Fremden schöpfen, denn Tuareg haben ihre Geschichte niemals selbst aufgeschrieben. Was in den Büchern steht, stammt von Forschern, Wissenschaftlern und Reisenden, die alle Dinge - natürlich - aus ihrer Sicht sehen und notieren. Seit einigen Jahren reise ich mit befreundeten Tuareg und höre ihnen zu.

In der internationalen Presse waren in jüngster Zeit immer wieder Schlagzeilen und Artikel über die Rebellen in Niger, Mali und Tschad zu lesen, von Tubu- und Tuaregrebellen, die sich gegen ihre Regierung erhoben und sogar einen eigenen Tuareg-Staat forderten. Solche Rebellen haben mich in der Ténéré begleitet und solche Rebellen haben mich auch in Deutschland besucht.

Die Wiege der Tuareg befand sich vermutlich unter den Berberstämmen der nördlichen Sahara. Von dort flohen die Menschen vor den arabischen Unterdrückern in die schwer zugänglichen Bergregionen der zentralen und südlichen Sahara; Hoggar, Tassili, Air und Iforas-Adrar. Diese Menschen fühlten sich von den Moslems im Norden und von den schwarzen Machthabern im Süden gleichermaßen bedroht. Sie mussten zwangsläufig zu Kriegern werden, die ihre Freiheit und ihre Familien zu verteidigen hatten. „Ist es etwa ein Fehler, militärisch stärker und in der Wüste geschickter zu sein, als der Gegner", fragt mich Moussa einmal am nächtlichen Feuer. Tuareg sind keine geschlossene Nation, nur die gemeinsame Sprache, das Tamahak oder Tamaschek und ihre strenge Kastengliederung in Adelige, Vasallen und Sklaven verbindet diese Menschen. Den Namen Tuareg erhielten sie im Mittelalter von den erbitterten Anhängern Mohammeds. Tuareg (Einzahl: männlich Targi, weiblich Targia) bedeutet soviel wie „von Gott Verstoßene". Die Adeligen sind groß, schlank und hellhäutig. Sie tragen weite Baumwollhosen und ein ärmelloses Hemd unter einer indigofarbenen „Gandura". Der Schleier besteht aus weißem, schwarzem oder blauem Baumwolltuch. Indigo ist die Lieblingsfarbe der Tuareg. Der Stoff färbt auf der Haut etwas ab, daher kommt der Name „blaue Männer". An den Füßen tragen Tuareg Sandalen aus Rind- oder Ziegenleder, reich bestickt mit Ornamenten aus grüner und roter Farbe, genau wie die ledernen Satteltaschen und Geldbörsen. Die Krieger sind mit dem berühmten Schwert mit Kreuzgriff und Klingen aus Solingen sowie mit einem Dolch am Oberarm bewaffnet. Die Frauen sind grundsätzlich unverschleiert. Die Vasallen sind dunkelhäutig und den Adeligen tributpflichtig. Früher durften Vasallen keine eigenen Kamele züchten, sie mussten sich mit Kleinvieh wie Ziegen und Schafen begnügen. Tuareg haben für alle niederen Arbeiten schwarze Sklaven gehalten, diese aber immer in ihre Familien integriert. Woher die Tradition des verschleierten Mannes kommt, ist bis heute ungeklärt. Einige Ethnologen glauben, der Schleier diene ganz einfach dazu, die Atmungsorgane vor der trockenen Luft und dem heißen oder kalten Wind zu schützen. Das klingt logisch - aber warum tragen dann Tuaregfrauen, die sehr selbstsicher und im Lagerverband oft dominierend auftreten, diesen Schleier nicht? Ich frage Moussa nach dem Grund und höre: „Der Schleier gehört einfach zur Kleidung. Es ist für einen Mann unschicklich, Mund und Nase zu zeigen! Mehr gibt es dazu nicht zu sagen."

Natürlich ranken auch um dieses Thema Legenden: Ein Tuareg hat mir in Tamanrasset erzählt, dass vor langer Zeit ein Tuaregstamm während eines Raubüberfalls eine demütigende Niederlage hinnehmen mußte. Bei der Heimkehr ins Lager bedeckten die Männer ihre Gesichter aus Scham vor den Frauen. Seit dieser Zeit tragen alle Tuareg den Schleier. Dieser Hintergrund erscheint mir unglaubwürdig, denn Tuareg sind voller Stolz, auch gegenüber ihrer eigenen Geschichte.

Mit etwa 18 Jahren erhält ein Tuareg im Rahmen einer Familienfeier den Schleier. Jetzt gilt er als Mann und legt diesen Schleier weder am Tag, noch in der Nacht ab. Gegessen und getrunken wird auch unter dem Schleier.

Moussa ist mehr ein Mann der Tat als ein Mann vieler Worte. Er erzählt wenig und hört lieber zu und oft glaube ich ein Lächeln in seinem Gesicht zu erkennen, auch wenn ich nur seine Augen sehe. Moussa kann Reißverschlüsse an Schlafsäcken oder Fototaschen ebenso sicher reparieren wie seinen Toyota. Er findet in der vegetationslosen Wüste noch winzige Holzstücke für das Feuer und weiß immer und überall sehr genau, wo wir uns befinden.

„Bis zum nächsten Brunnen ist es noch eine knappe Stunde." Wenn Moussa das sagt, stimmt das auch. Mitten im Kies der Ténéré bat ich Moussa nach einer Reibeschüssel zu suchen, die ich fotografieren wollte. Der Tuareg nickte nur und änderte plötzlich seine Fahrtrichtung. Nach fünfhundert Metern standen wir vor einer Reibeschüssel - Moussa sah meine Verblüffung und schien wieder zu lächeln. Auf die Frage, was er uns über sein Volk erzählen könne, antwortete er: „Bevor wir uns an's Feuer setzen, möchte ich bemerken, dass wir Tuareg nur wenige Männer und noch weniger Frauen haben, die draußen in der Welt gewesen sind. Mein Freund Mano Dayak gehörte zu diesen wenigen, der hat in Frankreich und in den USA studiert und sich mit unserem Volk auseinandergesetzt wie kein anderer Tuareg. Und was ich euch erzählen kann, dass weiß ich aus seinem Munde. Mano hat versucht, uns aufzuklären und ebenso die Welt dort draußen. Beides ist ihm gelungen bevor er starb. Mano hat die Welt außerhalb der Sahara kennen gelernt und doch blieb sein Herz hier in der Wüste, bei seinen Leuten. Er ist trotz seines Studiums immer Nomade geblieben.

Es ist nicht leicht, in unserer Vergangenheit einen Anfang zu finden. Richtig ist,

Tuaregfrauen (Einzahl: Targia) werden von ihren Männern sehr geachtet. Nicht nur Schläge sondern bereits verbale Angriffe gelten als Misshandlung und werden vom Lagerverband äußerst streng bestraft.

dass unsere Frühgeschichte sehr im Nebel liegt und von Legenden bestimmt wird. Aber gehen wir zurück bis zur Flatters-Expedition. Da haben wir die Franzosen vernichtend geschlagen und aus der Sahara vertrieben, aus unserer Sahara. Wir haben den französischen Militärs und ihren Chaamba-Soldaten, das sind Nomaden der Nordsahara, unsere Überlegenheit - zumindest in der Wüste - gezeigt. Ein Franzose hat nach der Flatters-Expedition berichtet, dass ein Tuareg mit einem einzigen

Die Karawanenführer aus dem Air fürchten um ihre Existenz, weil die Regierung Lastwagen zum Transport von Salz einsetzen will.

Schwertstreich einen feindlichen Reiter von oben bis unten durchteilen kann und dass er fünf Tage ohne Wasser überlebt, während das ein Chaamba nur drei Tage aushält und ein Franzose noch weniger." „Aber die Franzosen kamen schon wenige Jahre nach Flatters zurück!", warf ich ein. „Richtig, das war 1898, also 18 Jahre nach Flatters. Die Franzosen brachen damals mit über 1.000 Kamelen in Quargla auf und erreichten Agadez, obwohl wir ihnen große Verluste zufügten. Dann startete General Laperrine mit der endgültigen Befriedung der Tuareg. Lapperine hatte auch seine Chaamba-Soldaten mit modernsten Waffen ausgerüstet. In der Schlacht von Tit, etwa 20 Kilometer nördlich von Tamanrasset, besiegten uns die Franzosen 1902. Danach folgte unsere Unterwerfung - und wir wurden zu den ‚Kurden Afrikas'. Die französische Herrschaft zerstörte unsere Nomadenwelt. Aber Tuareg haben nie gejammert und auch nicht gebettelt. Wir haben durch diese Unterdrückung gelernt zu rebellieren!

1916 kam es zur ersten Rebellion gegen Frankreich durch den Tuareg Kaossen, der von einem vereinigten Tuaregreich in der zentralen Sahara träumte. Kaossen musste aber schnell erkennen, dass die einzelnen Tuaregstämme uneinig waren. Die Türken haben Kaossen, er stammte genau wie ich aus dem Air, gefangen und hingerichtet. Besonders haben wir, Kaossen und seine Rebellen, die französische Kolonialmacht bekämpft, denn sie hat uns die Freiheit geraubt, uns gedemütigt und unsere Traditionen zerschlagen. Aber nach der französischen Kolonialzeit ist es für uns noch schlimmer geworden, noch viel schlimmer. Nach dem zweiten Weltkrieg folgte die Unabhängigkeit der afrikanischen Saharastaaten. Jetzt regierten uns plötzlich schwarze Militärs, die einst unsere Sklaven waren. Und das wurde für uns zur Hölle. Die schwarzen Bewohner des Südens, vor allem Hausa und Djerma, hatten die französische Oberherrschaft viel schneller anerkannt als wir Tuareg. Sie wurden unter den Franzosen Beamte und Unteroffiziere. Heute sind sie unsere Minister und Generäle. Die schwarze Polizei verlangte plötzlich von uns Pässe und Visa. Tuareg aus dem Air (Niger) konnten plötzlich ihre eigenen Verwandten im Hoggar (Algerien) oder im Iforas-Adrar (Mali) nicht mehr besuchen. Die Franzosen respektierten unseren Stolz und unseren Willen zur Unabhängigkeit. Aber die schwarzen Regierungen, speziell im Niger und in Mali, wollten sich für die Vergangenheit rächen. In Tuareggebieten wurden weder Schulen noch Krankenhäuser gebaut. Soldaten Malis beschlagnahmten unsere Kamele, vergewaltigten unsere Frauen und verboten den Karawanenhandel. Nomadenzelte übergossen sie mit Benzin und zündeten sie an. Brunnen wurden vergiftet und sogar vermint. Während der großen Dürre 1973 und 1974 haben unsere Regierungen westliche Hilfsorganisationen größten bürokratischen Schikanen ausgesetzt. Von Jahr zu Jahr wurde das Leben in der Wüste schwieriger. Für Tuareg gab es weder Stipendien noch Praktikumsplätze im Ausland. Daraufhin flohen viele Menschen aus unserem Volk ins Ausland, nach Algerien und Libyen. Wir hätten das alles noch ertragen, wenn es nicht Tchin-Tabaraden gegeben hätte." „Tchin-Tabaraden, was ist das?" „Alfredo, lass mich erst unseren Tee kochen, dann werde ich über Tchin-Tabaraden erzählen." (Tuareg nennen mich oft Alfredo, nicht Helfried). Moussa brauchte eine Pause, er war es nicht gewöhnt, tatenlos am Feuer zu sitzen und zu erzählen. Inzwischen war es dunkel geworden und die Nachtkälte kroch durch unser Lager. Wir rückten dichter an die Glut und warteten geduldig auf den heißen Tee. Moussa reichte uns das köstliche Getränk, trank selbst langsam und genüsslich und fuhr fort: „1990 beschließt Algerien, die dorthin geflüchteten Tuareg auszuweisen. Aber die über 20.000 Menschen will niemand haben. Mali behauptet, es handelt sich um Tuareg aus Niger. Niger widerspricht; die Leute seien aus Mali. So werden die Tuareg in ein Übergangslager nach Tchin-Tabaraden gebracht. Das ist eine winzige Ortschaft 320 Kilometer südwestlich von Agadez. Internationale Hilfe kommt bis in dieses Lager nicht durch. Junge Tuareg, die sich nach dem Verbleib der Hilfsgüter erkundigen, werden festgenommen, verhört und verprügelt. Zelte, von Frankreich für dieses Lager zur Verfügung gestellt, werden in Niamey auf den Märkten verkauft. Decken und Lebensmittel verschwinden. Am 7. Mai 1990 besetzen unbewaffnete Tuareg den Polizeiposten Tchin-Tabaraden. Bei einem Handgemenge wird ein Wachhabender durch seine eigene Waffe erschossen. Die Tuareg fliehen in die Wüste. Jetzt kommt das Militär mit Maschinengewehren, unterstützt von Fallschirmjägern aus Niamey. Um Tchin-Tabaraden werden alle Nomadenzelte niedergebrannt, die Brunnen besetzt. In Tassara werden vierundzwanzig Tuareg festgenommen und ohne Gerichtsverfahren gehängt. Die schwarzen Soldaten plündern, vergewaltigen und morden und die Regierung in Niamey sagt den Medien der Welt, dass in Tchin Tabaraden eine Tuaregrebellion ausgebrochen sei. Tuareggreise werden nackt ausgezogen und in Geländewagen zur Schau gestellt. Flüchtende Kinder schießt man von den Bäumen. Die Regierung beziffert die Zahl der Toten von Tchin-Tabaraden auf 70. Internationale Hilfsorganisationen bestätigen über 600 Opfer.

Ich habe das alles mit geballter Faust in der Tasche von Agadez aus erlebt und wurde so wie viele Freunde auch - selbst zum Rebellen. Mano Dayak war ein guter Freund von mir. Wir machten ihn zu unserem Sprecher. Verzweifelt hat sich Mano in Frankreich an die Öffentlichkeit gewandt und der Außenwelt von unserer Tragödie berichtet. In Niamey hat Mano versucht, zwischen uns und der Regierung zu vermitteln. Aber der Präsident des Niger, Ali Saibou, verdrehte die Tatsachen und stellte seinen Staat immer wieder als unschuldig hin. Viele von uns packten darauf die Kalaschnikow ein und zogen in die Berge."

Moussa macht eine Pause, trinkt ein Glas Tee und fährt fort: „Wir waren und wir sind Rebellen. Mehr als hunderttausend Tuareg und Mauren wanderten nach Tchin-Tabaraden in algerische und mauretanische Flüchtlingslager. Die Sahara, einst und noch immer ein Ozean des Friedens, läuft Gefahr, sich in ein Meer der Tränen zu verwandeln.

Mano Dayak lebt nicht mehr. Am 15. Dezember 1995 starb er bei einem Flugzeugunfall auf dem Weg nach Niamey, wo er einen Friedensvertrag mit der Regierung unterzeichnen wollte. Die Situation hat sich leicht entschärft. Sie kann aber jeden Tag neu explodieren. Eines will ich euch noch sagen: Unsere Revolte richtet sich nicht generell gegen Schwarze, sondern gegen deren korrupte Regierungen, die wir nicht gewählt haben. Wir Tuareg träumen von einer afrikanischen Gesellschaft, in der es keine Rassenschranken gibt und in der wir friedlich leben können, möglichst als freie Nomaden, denn ein Tuareg wird immer wieder zum ersten Zeltlager seines Lebens zurückkehren!"

Die Felsbilder im Tassili liegen in einem Nationalpark, der nur mit ortskundigen Führern besucht werden darf.

Ein gläubiger Mohammedaner betet gen Mekka. Für das Gebetsritual unterbricht ein Moslem jede Tätigkeit.

Häufig ziehen Tuareg durch den Erg Ubari nach Ghat um sich bei Familienfesten zu treffen.

Über 120.000 englische, französische, deutsche, italienische, indische, australische, neuseeländische und amerikanische Soldaten des Zweiten Weltkrieges liegen im Wüstensand begraben. Den größten Friedhof findet man in El Alamein. Das Bild zeigt eine Tafel im deutschen Ehrenmal.

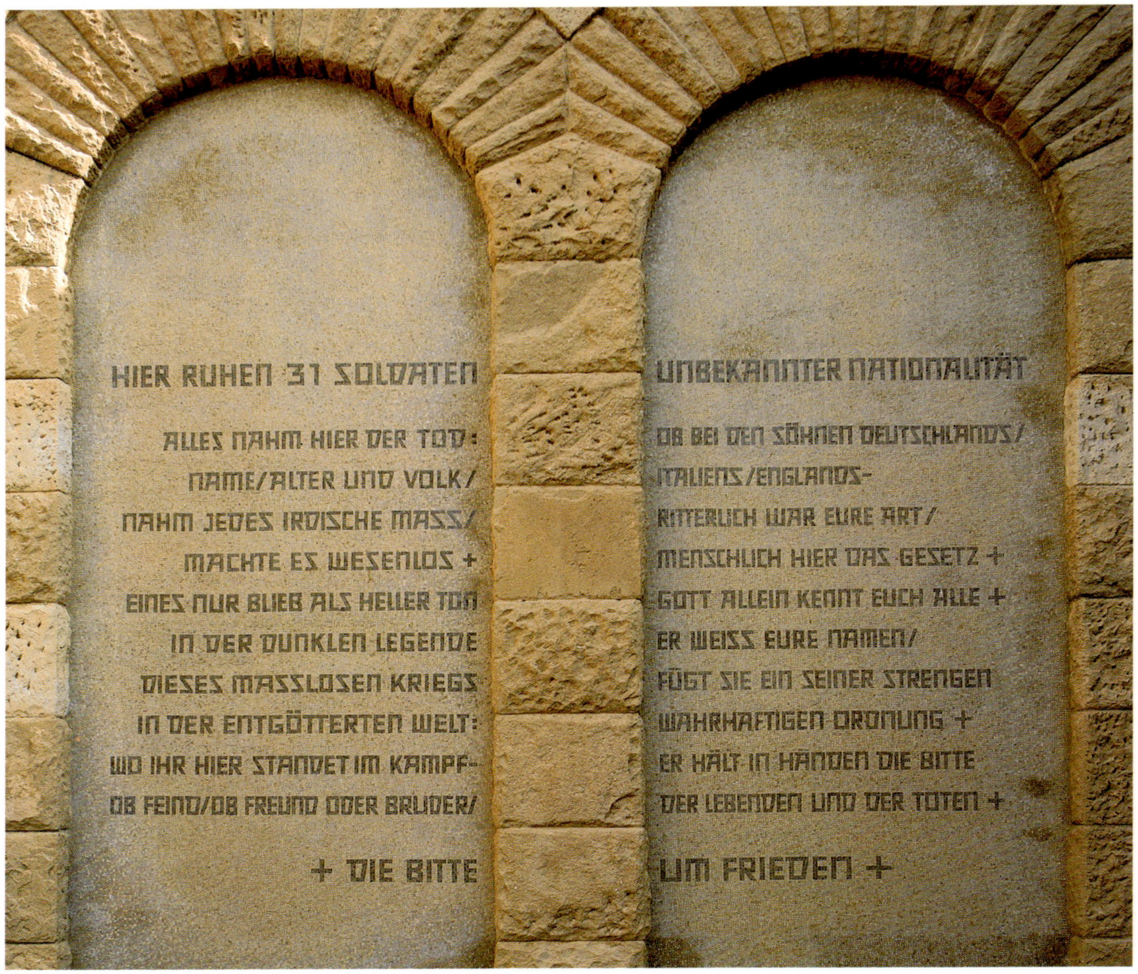

EL ALAMEIN

Schlachtfeld unter brennender Sonne

1939 HIER RUHEN DEUTSCHE SOLDATEN 1945

Der britische Soldatenfriedhof von El Alamein.

In der Oase Siwa stehen 200.000 Dattelpalmen und 50.000 Olivenbäume. In den Obstgärten wachsen Feigen, Orangen, Aprikosen und Weintrauben. Als Alexander der Große Siwa besuchte, tranken die Männer gesüßten Tee, rauchten genüsslich ihre Wasserpfeife - genau wie heute.

ÄGYPTEN

SIWA Die schönste Oase Ägyptens

Siwaner sind Berber libyischer Rasse,
gemischt mit Sudanesen und Beduinen.
Sie sprechen einen Berberdialekt, Siwi.
Hier tragen junge Siwa-Frauen ihre alte
Beduinenkleidung mit dem traditionellen
Schmuck aus Silber und Messing.

Die Altstadt von Siwa verfällt langsam, neue Wohngebiete sind in den letzten Jahren entstanden. Seit Jahrhunderten wohnen die Menschen in diesen Häusern aus Palmstammbalken und Lehm mit kleinen Fenstern zur Straßenseite. Vor hundert Jahren besuchte der deutsche Archäologe Georg Steindorff als erster Europäer Siwa und sprach von „einem sehr merkwürdigen, den Ameisenhaufen gleichendem Felsennest, in dem die Menschen hier hausen".

In der libyischen Wüste Ägyptens zwischen den Oasen Bahariya und Dakhla liegt die „Weiße Wüste". Hier hat sich der Wind als Bildhauer betätigt und fantasievolle Erosionsfiguren aus dem weißen Kalkstein geblasen.

DIE WEISSE WÜSTE Pilze aus Stein

In tausenden von Jahren ist durch Wind, Hitze und Kälte diese grandiose Wüstenlandschaft entstanden.

Am Nil entwickelte sich eine der frühesten Hochkulturen der Menschheitsgeschichte. Nebenstehendes Bild zeigt das Innere des Felsentempels von Abu Simbel mit zwei zehn Meter hohen Ramses-Figuren als Pfeiler. Auf der gegenüberliegenden Seite ist die elf Kilogramm schwere Goldmaske Tutanchamun, die mit gefärbtem Glas und Halbedelsteinen verziert ist, abgebildet.

ÄGYPTEN

NIL Weltkultur am Fluss

Das Allerheiligste im Tempel von Abu Simbel mit (v.l.) Ptah, Amun-Re (mit Federkrone), Ramses II. und Re-Harachte. Die Achse des Tempels ist so ausgelegt, dass die Strahlen der aufgehenden Sonne an zwei Tagen im Jahr zunächst Amun-Re berührten, dann Ramses II. und schließlich Re-Harachte. Ptah blieb immmer im Schatten, denn der Gott von Memphis wurde mit der Unterwelt und mit Chaos in Verbindung gebracht.

Die Vorderfront von Abu Simbel ist mit vier kollossalen Ramses II.-Figuren verziert. Das Bauwerk diente der Machtdemonstration gegen mögliche Angreifer aus der Wüste.

Die großen Pyramiden Mykerinos, Chephren und Cheops bei Giseh repräsentieren das einzige heute noch stehende der ehemals sieben Weltwunder. Hier beginnt und endet die Sahara.

Algier
Tunis
Biskra
TUNESIEN
Fes
Sahara-Atlas
Casablanca
Sabratha
Tripolis
Ghardaia
Quargla
MAROKKO
Großer Westlicher Erg
Leptis Magna
Benghazi
Tobruk
Alexandria
Marakesch
Hoher Atlas
Anti-Atlas
Großer Östlicher Erg
El Alamein
Timimoun
Ghadamés
Siwa
Giseh
KAIRO
ÄGYPTEN
Adrar
ALGERIEN
Mandaraseen
LIBYEN
Ubari
Sebha
Mursuk
Farafra
Weiße Wüste
NIL
In Salah
Dakhla
Luxor
Assuan
WEST-SAHARA
Tassili der Adjer
Ghat
Fessan
Djanet
Akakus
Libysche Wüste
Tamanrasset
Abu Simbel
Tanezrouft
Hoggar
Tibesti
Gabal Uwainat
Tessalit
Tassili des Ahaggar
MAURETANIEN
MALI
Nubische Wüste
Ténéré
Faya Largeau
Wadi Halfa
Nouakchott
Bilma
Adrar des Iforas
AIR
Fachi
Ennedi
Timbuktu
Niger
Agades
NIGER
Khartum
Asmera
Dakar
SENEGAL
Tchin-Tabaraden
ERITREA
TSCHAD
SUDAN
GAMBIA
BURKINA FASO
Niamey
Zinder
Bamako
Sokoto
Kano
TSCHADSEE
DSCHIBUTI
GUINEA-BISSAU
GUINEA
TOGO
ÄTHIOPIEN
NIGERIA
SIERRA LEONE
ELFENBEIN KÜSTE
GHANA
BENIN
Adis Abeba
ZENTRALAFRIKANISCHE REPUBLIK
LIBERIA
KAMERUN
Bangui
Accra
SOMALIA
UGANDA
Mogadischu
Libreville
Kampala
KONGO
KENIA
GABUN
RUANDA
Nairobi
Zaire
Kigali
Brazzaville
Bujumbura
BURUNDI
Kinshasa
TANZANIA
Luanda
Dodoma
ANGOLA
MALAWI
Lilongwe
SAMBIA
Lusaka
Harare
ZIMBABWE
NAMIBIA
BOTSWANA
Windhoek
MOSAMBIK
Gaborone
Pretoria
Maputo
SWAZILAND

DANKSAGUNG/LITERATUR

Viele Fahrten und Expeditionen waren notwendig, um dieses Gesamtprorträt der Sahara zusammenzustellen. Dabei haben mich Freunde und Helfer tatkräftig unterstützt. Allen möchte ich danken und einige mit Namen nennen:

Dr. Horst Kitzki und Frank Fischer von Ikarus Tours in Königstein haben fast alle meine Saharareisen bestens organisiert und vorbereitet und mir zu vielen wertvollen Kontakten in der Wüste verholfen. Ich danke dem ägyptischen Fremdenverkehrsamt in Frankfurt und seinem Direktor Baher Malek für großzügige Unterstützung. Dem Tuareg Seddik Mehiri bin ich zu großem Dank verpflichtet. Er hat mich in seine Heimat Air, in die Ténéré und zu den Salzkarawanen geführt. Die libysche Sahara hat mir mein Freund Ali Saidi Saad aus Tripolis erschlossen und mich zu den Wundern und Menschen seines Landes gebracht. Ich danke ihm sehr herzlich für den großen Einsatz bei meinen Projekten. Danke sage ich auch meiner Frau Renate, die mich auf fast allen Saharareisen begleitet hat und nie müde geworden ist, Kameras und Stative zu tragen, Filme zu wechseln, wichtige Notizen zu machen und schließlich meine diktierten Bänder in den Computer zu schreiben. Danke sage ich auch allen Mitarbeitern des Tecklenborg-Verlages für die guten Zusammenarbeit und die hohe Layout-und Druckqualität. Ich danke weiterhin dem Karl Rauch Verlag für die freundliche Genehmigung, aus Saint Exupéry zitieren zu dürfen.

Bemerkungen zur Fotografie:

Ich verwende für meine Aufnahmen die Rolleiflex 6008 aus Braunschweig mit Objektiven von Schneider-Kreuznach und Carl Zeiss, sowie die Linhof-Technorama 617 S, immer geladen mit Kodak Ektachrome EPR-Film, der die Farben so zeigt, wie sie tatsächlich sind und an Schärfe von keinem anderen Film übertroffen wird. Beide Kameras stellen mit ihren Objektiven feinmechanische, elektronische und optische Spitzenprodukte deutscher Qualität dar und arbeiten unter arktischen Verhältnissen genauso zuverlässig wie in tropischen Feuchtgebieten oder im Glutofen Sahara.

Verwendete Literatur:

Der Kleine Prinz, Saint-Exupéry,
Karl Rauch Verlag, Düsseldorf
Wind, Sand und Sterne, Saint-Exupéry,
Karl Rauch Verlag, Düsseldorf
Menschen der Wüste, Peter Fuchs,
Westermann Verlag, Braunschweig
Sahara, Jean-Marc Durou,
Fink-Kümmerly+Frey, Stuttgart.
Geboren mit Sand in den Augen,
Mano Dayak, Unionsverlag Zürich
Sahara, Helfried Weyer/Henri Lhote,
Kümmerly+Frey, Bern
Ténéré, Helfried Weyer,
Badenia Verlag, Karlsruhe

Die Schreibweise der Ortsnamen entsprechen der Saharakarte von Michelin.

v.l. Helfried Weyer, Hataric Ahmed, Renate Weyer, Achmed Saidi Saad.

Weitere Bildbände aus dem Tecklenborg Verlag

Daniel Zupanc / Karsten Mosebach
AUSTRALIEN
144 Seiten, 155 Abbildungen
Gebunden, 30 x 24 cm
DM 98,- / Best.-Nr. 452 € 49,80

Rund 16.000 Kilometer von Europa entfernt erstreckt sich Australien als riesiger Kontinent im Ozean über mehrere Klimazonen. Kilometerlange Sandstrände, endlose Savannen, lichte Eukalyptuswälder, bizarre Steinlandschaften und die weithin sichtbare rote Erde sind die prägenden Landschaftsbilder, die den Besucher begleiten. Doch was wäre dieser vielfältige Kontinent ohne seine einmalige Tier- und Pflanzenwelt. Bereits vor über 60 Millionen Jahren löste sich die Landmasse Australiens vom Urkontinent ab und konnte so seine besondere Flora und Fauna entwickeln, die in ihrer ganzen Vielfalt in den großen Nationalparks unter Schutz steht. Karsten Mosebach und Daniel Zupanc haben das Land auf vielen Reisen kennen gelernt und in seiner ganzen Vielfalt festgehalten.

Frans Lanting
OKAWANGO
168 Seiten, 132 Abbildungen
Gebunden, 29,8 x 27,3 cm
DM 98,- / Best.-Nr. 415 € 49,80

Die Mündung des Okawangos im Norden Botswanas, das größte Binnendelta der Welt, liegt inmitten eines ansonsten unwirtlichen Gebiets – in der Wüste Kalahari. Einmal im Jahr werden die Sumpfgebiete von den Wassern des Okawangos überflutet und dieses ausgedehnte Ökosystem zu neuem Leben erweckt. Dann kommt die Zeit, in der sich unzählige Tiere auf der Suche nach dem kostbaren Nass einfinden. Frans Lanting dokumentiert das Auf und Ab des Lebens in Abhängigkeit vom Wasser. Mit ihm erleben wir Löwen, Nilpferde, Giraffen und besonders die letzten großen Elefantenherden Afrikas. Die Aufnahmen entstanden in unmittelbarer Nähe der Tiere. Er scheute dabei kein Wagnis. Der Lohn sind Fotos, die in ihrer Eindringlichkeit ihresgleichen suchen.

Helfried Weyer
ANTARCTICA
152 Seiten, 113 Farbbilder, 24 sw-Bilder
Gebunden, 30 x 24 cm
DM 98,– / Best.-Nr. 437 € 49,80

Einer der wenigen Orte, die noch den Zauber einer unberührten Natur vermitteln, ist die Antarktis. Klares Wasser, blau schimmerndes Eis und der weite Himmel über einer unendlichen, von Menschenhand unberührten Landschaft, prägen das Bild dieses Ökosystems. Der erfolgreiche Autor und Fotograf Helfried Weyer zeigt in seinem Buch nicht nur die berauschende Intensität der Eiswelt und der dort lebenden Tiere, sondern blättert darüber hinaus im Buch der Geschichte und berichtet ausführlich über die Erforschung des weißen Kontinents. Die Namen Amundsen Scott oder Shackleton stehen auch heute noch stellvertretend für einen unerschrockenen Entdeckergeist. Ein Buch über eines der größten Abenteuer im ewigen Eis.

Helfried Weyer
HURTIGRUTEN
128 Seiten, 126 Abbildungen
Gebunden, 28 x 24 cm
DM 78,- / Best.-Nr. 447 € 39,80

1893 erklärte sich eine Reederei mit dem Dampfschiff „Vesteraalen" bereit, die norwegische Küste mit einem Postschiff im Sommer einmal wöchentlich zu befahren. Vergingen zuvor allein für die Zustellung eines Briefes Wochen, reduzierte sich dieser Zeitraum nun auf wenige Tage. Die Hurtigrute Bergen - Kirkenes, so wie sie der heutige Tourist erlebt, wird nunmehr seit 1914 regelmäßig befahren. Der Autor und Fotograf Helfried Weyer ist ein Kenner dieser Route und zeigt berauschende Bilder von der sogenannten schönsten Seereise der Welt. Alte Hansestädte, stille Hafenromantik, zerklüftete Küsten, tiefe Fjorde, mächtige Gletscher und über allem das Licht der Mitternachtssonne sind die faszinierenden Eckpfeiler dieser Seereise.